오리로보 오리가미 솔저

ORIROBO

ORIGAMI SOLDIER

후지모토 무네지

CONTENTS

ORIROBO ORIGAMI SOLDIER
STORY

오리로보는 '페이퍼 A.I'라는 인공지능 A.I가 탑재된 종이를 사람이나 동물 형태로 접은 로봇이다. 페이퍼 A.I는 완성 형태에 따라 기능이 업그레이드되고 파워가 생긴다.

더욱이 자연계의 DNA 데이터를 다운로드하여 간단히 오리로보를 만들 수도 있다.

원래 오리로보는 페이퍼 A.I가 폭주하여 독자적인 사고를 하는 '슈레드'라는 로봇이 탄생하자 슈레드에 맞서 싸워 인류를 지키기 위해 개발된 로봇이었고, 전쟁은 인류의 승리로 끝났다.

2240년, 인류는 슈레드와의 싸움에서 승리한 뒤 파괴된 지구를 되살리기 위해 힘을 쏟았다.

'워크로보'라 불리는 오리로보를 대량 생산하여 재생 작업 및 지구 방위 임무를 맡겼다.

2245년, 갑자기 의문의 로봇이 워크
로보를 공격하기 시작했다. 워크로보
는 작업용 로봇이기 때문에 전투력이
낮아서 순식간에 격파되었다. 갑작스
런 긴급사태에 인류는 예전의 전투용
슈퍼 오리로보를 재개발한 OR201과
OR301을 출동시켰다.

워크로보 WR02

워크로보 WR01

워크로보 WR03

의문의 로봇

의문의 로봇

진화한 의문의 로봇

오리로보 OR301

오리로보 OR201

OR201과 OR301의 활약으로 의문의
로봇은 격퇴당한 것처럼 보였다. 그러
나 사태는 생각지도 못한 방향으로 흘
러갔다. 의문의 로봇은 급격히 진화하
여 오리로보 앞을 막아섰다. 아무래도
의문의 로봇은 상대방의 기능이나 특
징을 복제하는 능력이 있는 듯했다.
OR201과 OR301은 고전을 거듭했다.

2250년, 마침내 인류는 복제가 불가능한 다섯 가지 형태의 오리로보 전사를 개발하는 데에 성공했다. 그 이름은 〈오리가미 솔저〉. 각각 자신만의 무기를 지닌 최강의 오리로보가 탄생한 것이다. 개발에는 닥터WG와 닥터BG라는 2명의 우수한 기술자가 참여했다. 전사들은 새로운 적으로부터 지구를 지키기 위해 싸웠다. 의문의 로봇은 격파되고 인류는 승리했다.

오리가미 솔저 S521

오리가미 솔저 H537

오리가미 솔저 M497

오리가미 솔저 K562

오리가미 솔저 N534

스페이스 스콜피온

2252년, 우주에서는 더욱 무서운 일이 벌어지고 있었다. 슈레드와의 싸움에서 인류가 승리했을 당시, 슈레드가 최후의 순간에 우주로 방출한 DNA 데이터와 잔해가 자연적으로 새로운 적을 만들어 낸 것이다. 바로 스페이스 스콜피온이라 불리는 우주 전갈이었다. 스페이스 스콜피온은 대량 발생하여 우주 곳곳의 인공위성에 달라붙어 기능을 마비시키고 바이러스를 침투시켰다. 기능이 멈춘 인공위성의 에너지를 스페이스 스콜피온이 흡수하면서 개체 수는 점점 증가했다. 이 상태로는 우주의 통신 시스템과 교통 시스템이 제대로 작동하지 않을 것이 분명했다. 인류는 오리가미 솔저를 급히 현장으로 보내 스페이스 스콜피온을 물리쳤다.

스페이스 스파이더

2253년, 또다시 새로운 적들이 나타났다. 거미 형상의 스페이스 스파이더와 집게벌레 형상의 스페이스 시저가 습격해 왔다. 스페이스 스파이더는 몸 안에서 뻗어 나오는 실로 상대방을 칭칭 감아 움직이지 못하게 한 뒤 에너지를 빨아들이는 특징을 지녔다.

스페이스 시저

스페이스 시저는 꼬리에 달린 커다란 가위
로 무엇이든 잘게 조각내어 모조리 먹어
치우는 특징을 지녔다. 오리가미 솔저들은
각자의 독자적인 무기를 사용해 싸웠다.

의문의 공룡형 로봇

황폐했던 지구의 한 지역에서도 새로운 움직임
이 있었다. 돌연 거대한 시설이 모습을 드러낸
것이다. 그곳에서 나온 것은 공룡 형상의 로봇이
었다. 엄청난 수의 공룡형 로봇이 복구되어 가던
지역에 들이닥쳤다. 게다가 그 뒤에는 거대한 로
봇이 나타났다. 인류는 전투용 오리로보를 배치
하여 맞서 싸웠다. 동시에 우주에서 전투 중인
오리가미 솔저에게 도움을 요청했다.

의문의 거대 로봇

격전이 이어지면서 많은 오리로보들이 파괴되어 갔다. 의문의 거대 로봇이 지닌 힘은 무시무시했고, 전투용 오리로보마저 차례차례 파괴되어 결국은 복구 중심 지역까지 그 손길이 뻗치려 했다. 그때, 오리가미 솔저들이 지구에 도착했다. 거대 로봇과 오리가미 솔저의 전투가 시작되었다. 각각 싸우기에는 힘의 차이가 너무 컸다. 오리가미 솔저들은 다섯이서 모두 함께 힘을 합쳐 싸웠다.

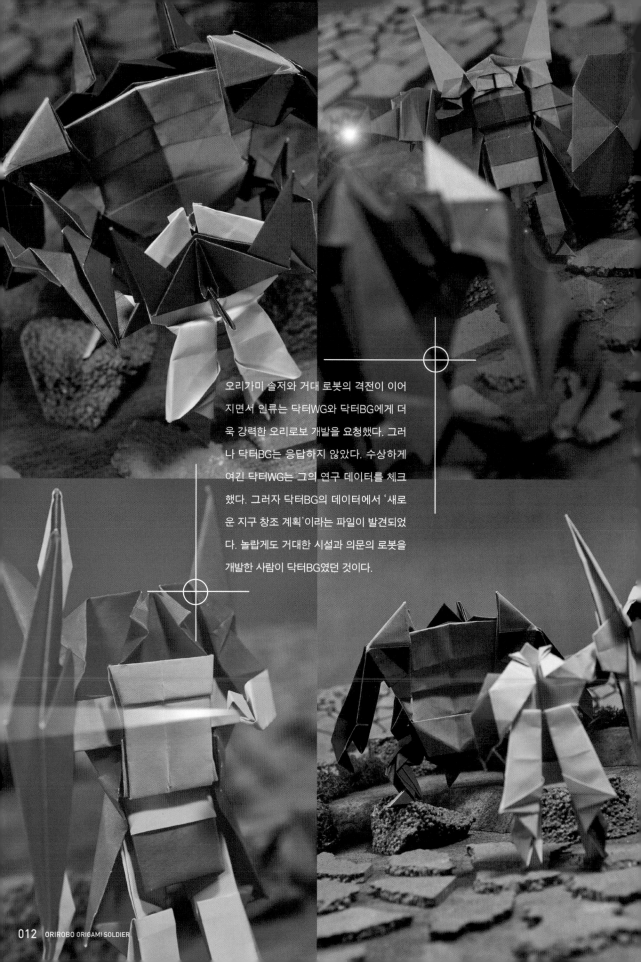

오리가미 솔저와 거대 로봇의 격전이 이어
지면서 인류는 닥터WG와 닥터BG에게 더
욱 강력한 오리로보 개발을 요청했다. 그러
나 닥터BG는 응답하지 않았다. 수상하게
여긴 닥터WG는 그의 연구 데이터를 체크
했다. 그러자 닥터BG의 데이터에서 '새로
운 지구 창조 계획'이라는 파일이 발견되었
다. 놀랍게도 거대한 시설과 의문의 로봇을
개발한 사람이 닥터BG였던 것이다.

닥터WG는 슈레드가 최후의 순간에 방출했던 바이러스에 닥터BG가 감염된 것이라고 확신했다. 닥터WG는 계획 중이었던 새로운 오리로보 개발을 서둘렀다. 기존의 종이접기 방법을 더욱 진화시킨 'F10'이라는 방법이었다. 그리고 마침내 신형 오리로보인 〈네오 오리로보 F-10〉이 완성되었다.

네오 오리로보 F-10

네오 오리로보 F-10은 거대 로봇에 대항할
수 있을 만큼 크기도 거대했다. 두 로봇의 싸
움은 무시무시했다. 오리가미 솔저들은 다른
적을 제압하기 위해 싸웠다. 장시간의 격전
끝에 인류는 승리했다. 닥터BG는 닥터WG가
슈레드의 바이러스를 제거해준 덕분에 원래
대로 돌아왔다. 그 후 지구는 파괴됐던 부분
이 대부분 복구되었고 인류와 생물이 공존하
는 이상적인 환경이 되었다.

ORIROBO

ORIGAMI SOLDIER

PROFILE DATA

황폐했던 지구를
되살리기 위해 만들어진
멀티타입 워크로보.

ORIROBO
WR01

LEVEL
11

오리로보 WR01 데이터	
타입	워크 / 멀티
접기 난이도	★★★
파워	★★
스피드	★★
공격력	★★
방어력	★★
특기	어떤 환경에서도 작업할 수 있는 능력
비행	×

접는 방법은 045페이지에

자연의 재생을 담당하며
힐링 파워를 지닌
네이처타입 워크로보.

ORIROBO
WR02

LEVEL 11

오리로보 WR02 데이터

타입	워크 / 네이처
접기 난이도	★★★
파워	★
스피드	★★
공격력	★★
방어력	★★★
특기	식물을 재생하거나 상처를 치유하는 재생 빔을 쏠 수 있음
비행	×

접는 방법은 034페이지에

지구의 수질을
책임지는 환경재생형
아쿠아타입 워크로보.

ORIROBO
WR03

LEVEL 11

오리로보 WR03 데이터

타입	워크 / 아쿠아
접기 난이도	★★★
파워	★★
스피드	★★
공격력	★★
방어력	★★
특기	물을 깨끗하게 하거나 독을 중화하는 능력
비행	×

접는 방법은 040페이지에

지구를 위기에서 구했던
슈퍼 오리로보를 베이스로
개발된 오리로보.

ORIROBO
OR201

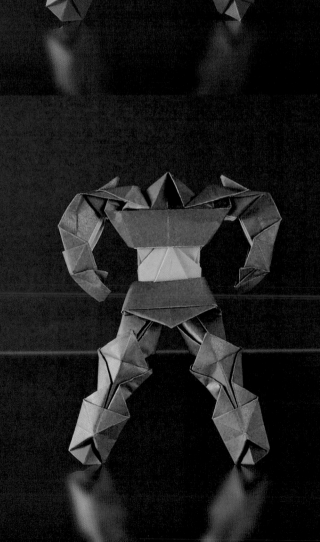

LEVEL 28

오리로보 OR201 데이터

타입	전투형
접기 난이도	★★★★★
파워	★★★★★★
스피드	★★★★★
공격력	★★★★★★
방어력	★★★★★★
특기	메가 숄더 어택 메가 킥 메가 크래시 펀치
비행	◯

접는 방법은 047페이지에

OR201과 함께 개발된
스피드 중시형 초고속이동
오리로보.

ORIROBO
OR301

LEVEL 27

오리로보 OR301 데이터

타입	전투형
접기 난이도	★★★★★
파워	★★★★★
스피드	★★★★★★★
공격력	★★★★★
방어력	★★★★★
특기	마하 어택 마하 펀치 초고속이동
비행	◯

접는 방법은 052페이지에

오리가미 솔저의 리더,
뛰어난 전술과 높은 공격력이 특징.

파워 아이템 장착 모습

ORIGAMI SOLDIER
N534

LEVEL 31

오리가미 솔저 N534 데이터

타입	솔저형
접기 난이도	★★★★
파워	★★★★★★ (★)
스피드	★★★★★★
공격력	★★★★★★ (★)
방어력	★★★★★★ (★)
특기	갤럭시 어택 사이클론 어택
비행	◎

접는 방법은 062페이지에. (★)은 파워 아이템 장착 시

POWER UP ITEM

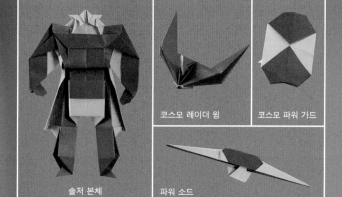

코스모 레이더 윙

코스모 파워 가드

솔저 본체

파워 소드

창술로는 NO.1인 무술가.
고속전투가 특기.

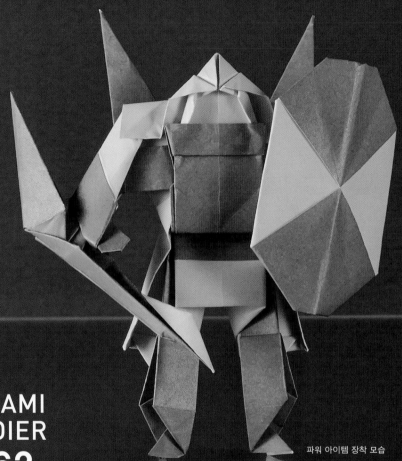

ORIGAMI SOLDIER
K562

파워 아이템 장착 모습

LEVEL
31

오리가미 솔저 K562 데이터

타입	솔저형
접기 난이도	★★★★
파워	★★★★★ (★)
스피드	★★★★★★★★
공격력	★★★★★★ (★)
방어력	★★★★★ (★)
특기	스피어 러시 선더 스피어
비행	◎

POWER UP ITEM

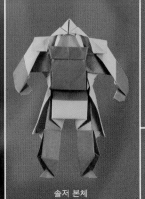

솔저 본체

코스모 레이더 윙

코스모 파워 가드

파워 스피어

접는 방법은 066페이지에. (★)은 파워 아이템 장착 시

레이저 애로우 소드를
능숙하게 다루어 적을
압도하는 헌터 타입 솔저.

ORIGAMI SOLDIER
M497

파워 아이템 장착 모습

LEVEL
30

오리가미 솔저 M497 데이터

타입	솔저형
접기 난이도	★★★★
파워	★★★★★ (★)
스피드	★★★★★★★★
공격력	★★★★★ (★)
방어력	★★★★★★ (★)
특기	레이저 애로우 어택 애로우 소드 스매시
비행	◎

접는 방법은 068페이지에. (★)은 파워 아이템 장착 시

POWER UP ITEM

솔저 본체

코스모 레이더 윙

코스모 파워 가드

레이저 애로우 소드

양손에 장착한 드래곤 암은
페이퍼 A.I를 손쉽게 베어낼 정도
의 파괴력이 있다.

ORIGAMI
SOLDIER
H537

파워 아이템 장착 모습

LEVEL
30

오리가미 솔저 H537 데이터	
타입	솔저형
접기 난이도	★★★★
파워	★★★★★★★ (★)
스피드	★★★★★
공격력	★★★★★★ (★)
방어력	★★★★★ (★)
특기	드래곤 크래시 암 어택
비행	◎

접는 방법은 069페이지에. (★)은 파워 아이템 장착 시

POWER UP ITEM

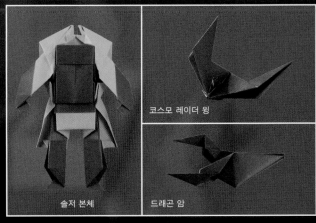

솔저 본체

코스모 레이더 윙

드래곤 암

전설의 총 갤럭시 레이저 건을
사용해 멀리 떨어진 적도
정확하게 공격할 수 있다.

ORIGAMI
SOLDIER
S521

파워 아이템 장착 모습

LEVEL
30

오리가미 솔저 S521 데이터	
타입	솔저형
접기 난이도	★★★★
파워	★★★★★ (★)
스피드	★★★★★★
공격력	★★★★★★ (★)
방어력	★★★★★★ (★)
특기	레이저 샷 프리즈 빔
비행	◎

접는 방법은 071페이지에. (★)은 파워 아이템 장착 시

POWER UP ITEM

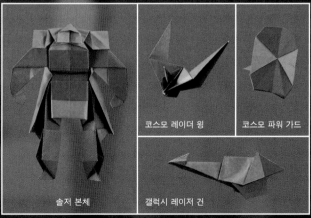

코스모 레이더 윙

코스모 파워 가드

솔저 본체

갤럭시 레이저 건

갑자기 지구에 나타난 의문의 로봇.
매우 공격적이며 환경을 파괴하도록
프로그램되어 있다.

SHRED
SH210 ^(의문의 로봇)

SHRED SH210 ^(의문의 로봇)

LEVEL 12

슈레드 SH210 데이터	
타입	파괴형
접기 난이도	★★★
파워	★★★
스피드	★★
공격력	★★★
방어력	★
특기	파괴 빔 암 소드
비행	×

접는 방법은 059페이지에

SH210과 함께 출현.
강한 힘을 무기로 워크로보를
파괴하는 의문의 로봇.

SHRED
SH310 ^(의문의 로봇)

LEVEL 12

슈레드 SH310 데이터	
타입	파괴형
접기 난이도	★★★
파워	★★★★
스피드	★
공격력	★★★
방어력	★
특기	크래시 펀치
비행	×

접는 방법은 055페이지에

OR201의 특성을 SH310이
순식간에 복제하여 진화한 로봇.
파워도 성능도 OR201과 비슷하다.

SHRED
SH410 ^(의문의 로봇)

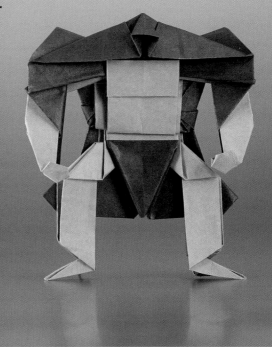

LEVEL
27

슈레드 SH410 데이터	
타입	파괴형
접기 난이도	★★★★★
파워	★★★★★
스피드	★★★★★★
공격력	★★★★★★
방어력	★★★★★
특기	메가 숄더 어택 메가 킥 메가 크래시 펀치
비행	◯

접는 방법은 087페이지에

SH410과 마찬가지로 OR301을
복제하여 진화한 로봇으로,
스피드는 더욱 빠르다.

SHRED
SH510 ^(의문의 로봇)

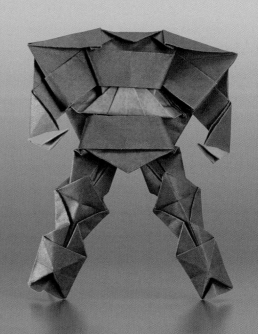

LEVEL
27

슈레드 SH510 데이터	
타입	파괴형
접기 난이도	★★★★★
파워	★★★★
스피드	★★★★★★★
공격력	★★★★★★
방어력	★★★★
특기	마하 어택 마하 펀치 초고속이동
비행	◯

접는 방법은 090페이지에

우주공간에 대량으로 발생한
전갈 형상 로봇. 강철을 가르고
독침으로 컴퓨터를 마비시킨다.

SPACE
SCORPION

LEVEL 27

스페이스 스콜피온 데이터	
타입	파괴형
접기 난이도	★★★★★
파워	★★★★★
스피드	★★★★★
공격력	★★★★★★
방어력	★★★★★
특기	시저 크래시 포이즌 테일
비행	◯

접는 방법은 098페이지에

대량 발생한 거미 형상 로봇.
몸속에서 뽑아낸 실로 상대를
묶어 마비시킨다.

SPACE
SPIDER

LEVEL 25

스페이스 스파이더 데이터	
타입	파괴형
접기 난이도	★★★★★
파워	★★★★★
스피드	★★★★★
공격력	★★★★★★
방어력	★★★★
특기	스레드 네트
비행	◯

접는 방법은 103페이지에

꼬리에 달린 커다란 가위로
무엇이든 잘게 조각내는 힘을 지닌
집게벌레 형상 로봇.

SPACE
SCISSORS

스페이스 시저 데이터	LEVEL 26
타입	파괴형
접기 난이도	★★★★★
파워	★★★★★
스피드	★★★★★
공격력	★★★★★★
방어력	★★★★★
특기	메가 시저 크래시
비행	○

접는 방법은 108페이지에

닥터BG가 슈레드의 DNA를
재생해 만든 공룡 형상 로봇.

SHRED DINOSAUR
D-TYPE

슈레드 다이노소어 D 데이터	LEVEL 28
タイプ	파괴형
折り難易度	★★★★★
パワー	★★★★★★
スピード	★★★★★★
攻撃力	★★★★★★
防御力	★★★★★
特徴／技	메가바이트 테일 어택
飛行	×

접는 방법은 112페이지에

슈레드 바이러스에 감염된
닥터BG가 개발한 슈레드 사상
최강의 로봇.

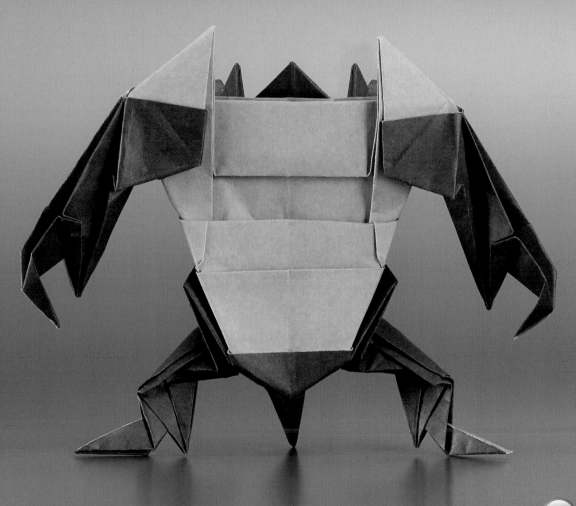

NEO SHRED
BT-TYPE

(의문의 거대 로봇)

접는 방법은 093페이지에

네오 슈레드 BT 데이터

LEVEL
33

타입	네오 파괴형	방어력	★★★★★★
접기 난이도	★★★★★		
파워	★★★★★★★★	특기	기가 시저 크래시
스피드	★★★★★		기가 맥스 펀치
공격력	★★★★★★★	비행	○

닥터WG가 개발한 차세대형 오리로보.
파워와 스피드 모두 기존 오리로보를
훨씬 능가하는 성능을 지니고 있다.

NEO ORIROBO
F-10

접는 방법은 116페이지에

네오 오리로보 F-10 데이터

타입	네오형	방어력	★★★★★★★★
접기 난이도	★★★★★★		네오 갤럭시 어택
파워	★★★★★★★★	특기	네오 갤럭시 킥
스피드	★★★★★★★		네오 갤럭시 펀치
공격력	★★★★★★★★	비행	◎

기본 종이접기 방법 및 기호

오리로보를 접기 전에 먼저 종이접기의 기본을 마스터 합시다!

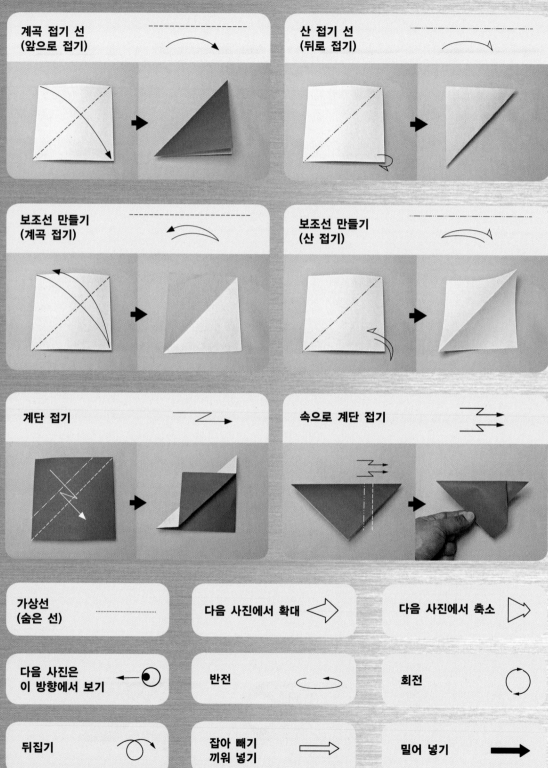

계곡 접기 선
(앞으로 접기)

산 접기 선
(뒤로 접기)

보조선 만들기
(계곡 접기)

보조선 만들기
(산 접기)

계단 접기

속으로 계단 접기

가상선
(숨은 선)

다음 사진에서 확대

다음 사진에서 축소

다음 사진은
이 방향에서 보기

반전

회전

뒤집기

잡아 빼기
끼워 넣기

밀어 넣기

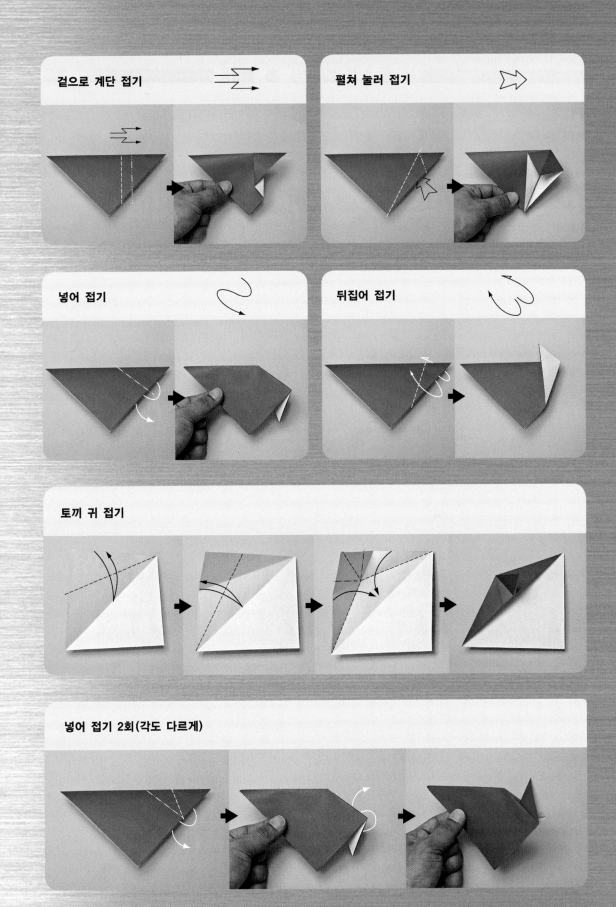

겉으로 계단 접기

펼쳐 눌러 접기

넣어 접기

뒤집어 접기

토끼 귀 접기

넣어 접기 2회(각도 다르게)

오리로보의 기본 보조선을 만드는 방법

대부분의 오리로보는 이 기본 보조선에서 시작합니다. 정확하고 깔끔하게 접을 수 있도록 숙달해 두세요.

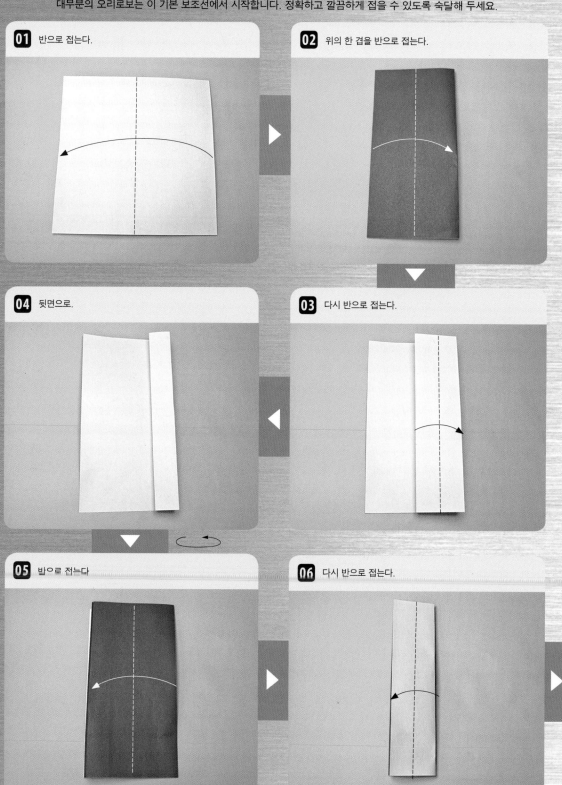

01 반으로 접는다.

02 위의 한 겹을 반으로 접는다.

04 뒷면으로.

03 다시 반으로 접는다.

05 반으로 접는다

06 다시 반으로 접는다.

09 **01**〜**07** 을 반복한다.

보조선 A 완성

◯ 90° 회전

보조선 A에서 보조선 B를 만든다

08 세로 보조선 완성. 90° 회전한다.

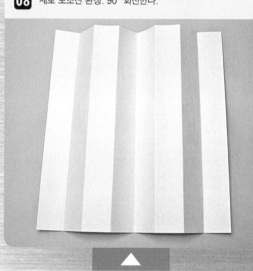

보조선 한 칸을 반이 되도록 접고 귀퉁이는
각각 위아래를 향하도록 접는다.

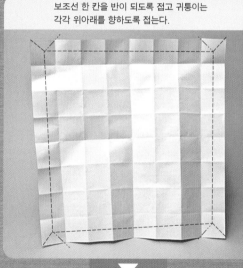

07 전체를 펼친다.

보조선 B 완성

ORIROBO
WR02

오리로보 WR02

접기 난이도 ★★★☆☆☆

먼저 이 오리로보에 도전하여
오리로보의 기본을 확실히 마스터하자!

START!

01 032페이지의 기본 보조선 A를 만든다.

02 보조선 한 칸만큼 계곡 접기 하고 귀퉁이는 각각 위아래를 향하도록 접는다.

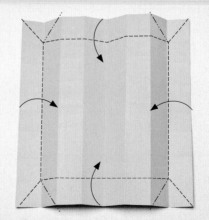

04 보조선 한 칸만큼 계곡 접기 하고 귀퉁이는 각각 위아래를 향하도록 접는다.

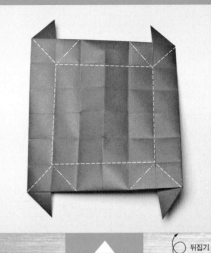

뒤집기

03 뒤집는다.

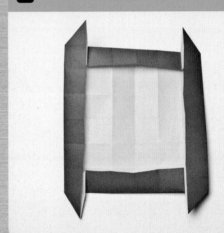

05 뒤로 접는다.

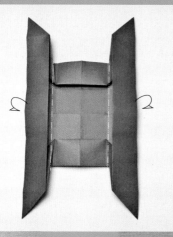

08 토끼 귀 접기 한 부분을 끼워 넣듯이 내려 접는다.

축소

06 두 장을 한꺼번에 가운데로 펼치듯이 접는다.

07-3 양쪽을 접고 가운데를 뾰족하게 세운다.

07 △ 표시된 부분을 토끼 귀 접기 한다
(먼저 반으로 접었다 펴서 보조선을 만든다).

07-2 반대쪽도 같은 방법으로 보조선을 만든다.

09 위쪽을 확대.

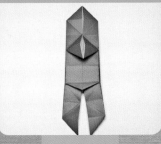

14 대각선으로 접는다.

15 옆으로 접는다.

확대

10 한 겹만 펼치면서 눌러 접는다.

13-3 올려 접는다.

16 보조선이 만들어지면 다시 펼친다.

11 양쪽으로 펼쳐 내린다.

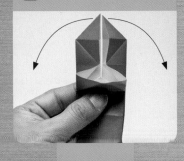

13-2 감싸 접은 모양.

17 양옆으로 내린다.

12 사진의 보조선을 따라 뒤로 접는다.

보조선 한 칸의
1/3정도를 접는다

13 표시된 보조선을 이용하여
감싸듯이 접는다.

18 손가락으로 안쪽을 눌러
A의 보조선을 만든다.

A

21 반대쪽도 **14** ~ **20** 과 같이 접는다.

22 한꺼번에 계단 접기 한다.

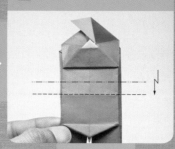

29 반대쪽 다리도 **24** ~ **28** 과 같이 접는다.

다음 페이지로

20-2 접는 중.

23 아래쪽을 확대.

28 한꺼번에 계단 접기 한다.

확대

20 그림의 보조선을 따라 접는다.

24 가로 보조선에 맞춰 반을 접는다.

27 만들어진 보조선을 이용해 넣어 접기 2회.

19 사진의 보조선을 따라 입체적으로 접는다.

25 **26** 의 각도를 참고하여 비스듬하게 접는다.

26 보조선이 만들어지면 다시 편다.

30 뒤집는다.

뒤집기

36 다리를 벌린다.

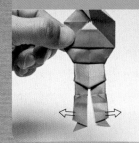

축소

뒤집기

37 뒤집는다.

뒤집기

31 한꺼번에 반으로 접으면서 윗부분을 펼쳐 삼각형으로 눌러 접는다.

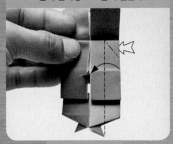

35 반대쪽도 같은 방법으로 접는다.

38 비스듬하게 접는다.

32 반대쪽도 같은 방법으로 접는다.

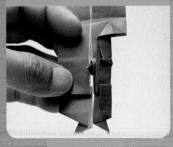

축소

34-2 옆에서 본 모양.

39 뒤집는다.

확대

뒤집기

33 ○ 표시된 부분을 확대.

확대

34 넣어 접기 하여 안으로 넣는다.

40 사진의 보조선을 따라 A 안으로 접어 넣는다.

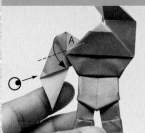

42-2 아래에서 본 모양.

완성!!

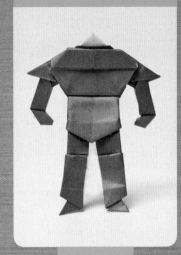

42 40과 같은 방법으로 접는다.

43 뒤로 접는다.

47 한꺼번에 계단 접기 한다.

41 뒤로 접는다.

44 팔 끝을 조금만 뒤집어 접는다.

40-2 접어 넣는 모습을 옆에서 본 모양.

45 손이 될 부분을 뒤집어 접는다.

46 반대쪽 팔도 38〜45와 같은 방법으로 접는다.

ORIROBO
WR03

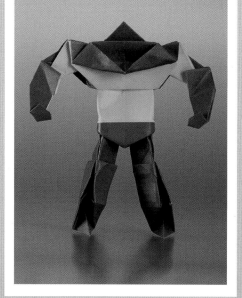

오리로보 WR03

접기 난이도 ★★★☆☆☆

보조선 B에서 시작

START!

01 뒤집는다.

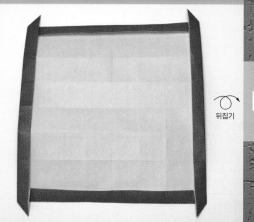

뒤집기

02 뒷면에 접혀 있는 폭(기본 보조선의 1/2)만큼 가운데를 향해 접는다. 귀퉁이는 각각 위아래를 향하도록 접는다.

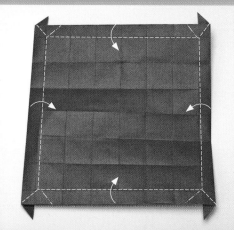

03 뒤집는다.

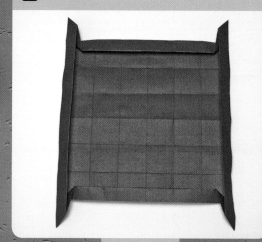

뒤집기

04 보조선 한 칸만큼 계곡 접기 하고 귀퉁이는 각각 위아래를 향하도록 접는다.

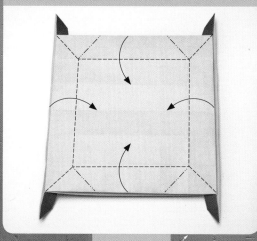

축소

05 뒤로 접는다.

12 보조선이 만들어지면 다시 펼친다.

13 양옆을 벌려 펼친다.

06 펼치면서 가운데를 향하도록 접는다.

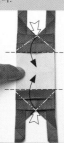

11 왼쪽으로 접는다.

14 사진의 보조선을 따라 접는다.

07 △ 표시된 부분을 토끼 귀 접기 한다 (035페이지 참고).

10 사진의 보조선을 따라 대각선으로 접는다.

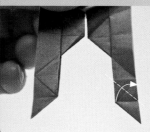

확대

15 반대쪽 다리도 **10**~**14**와 같은 방법으로 접는다.

축소

08 윗부분은 올려 접고, 토끼 귀 접기 한 부분은 끼워 넣듯이 내려 접는다.

09 아래쪽의 다리 부분을 확대.

16 한꺼번에 계단 접기 한다.

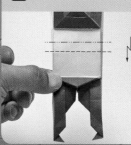

다음 페이지로

17 뒤집는다.

뒤집기

24 반대쪽 다리도 **20**~**23**과 같은 방법으로 접는다.

25 뒤집는다.

뒤집기

18 한꺼번에 반으로 접으면서 윗부분을 펼쳐 삼각형으로 눌러 접는다.

23 사진의 보조선을 따라 접는다.

26 □ 표시된 부분을 확대

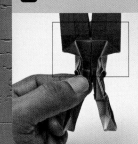

확대

19 다리 부분을 약간 벌린다.

22 원래 있던 보조선(위쪽)을 이용해 계단 접기.

27 접힌 부분을 당겨 뺀다.

확대

뒤집기

20 사진과 같이 왼쪽으로 모은다.

21 벌려 있는 상태로 뒤집는다.

28 사진의 보조선을 따라 접는다.

31 반대쪽도 같은 방법으로 접는다.

32 뒤집는다.

38 각도를 달리하여 속으로 계단 접기.

다음 페이지로

뒤집기

30-2 옆에서 본 모양

33 팔이 될 윗부분을 확대.

37 대각선으로 보조선을 만든다.

확대

30 넣어 접기 하여 안으로 넣는다.

34 대각선으로 보조선을 만든다.

36-2 보조선을 따라 접는 중.

뒤집기

29 반대쪽도 **27** **28** 과 같은 방법으로 접는다.

35 양옆을 벌려 펼친다.

36 그림의 보조선을 따라 접는다.

39 각도를 달리하여 겉으로 계단 접기.

46 아래로 당기면서 입체적으로 접는다.

이 부분은 **47**의 사진을 참고하여 조절한다.

40 팔 끝을 살짝 펼친다.

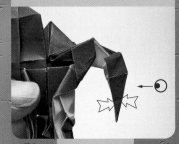

45 접힌 부분을 당겨 뺀다.

47 계단 접기.

41 손끝을 조금 뒤로 접는다.

44 반대쪽 팔도 **34**～**42**와 같은 방법으로 접는다.

완성!

42 **43**을 참고하여 사진의 보조선을 따라 접는다.

축소

43 뒤집는다.

뒤집기

ORIROBO
WR01

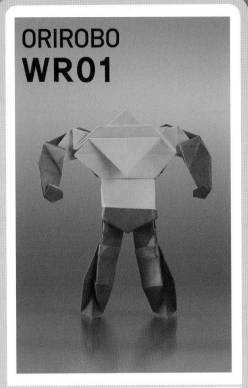

오리로보 WR01

접기 난이도 ★★★☆☆☆☆

오리로보 WR03의 **15**에서 시작
(**06**에서 윗부분은 그대로 둔다) (040페이지 참고)

START!

01 보조선을 만든다.

확대

02 팔이 될 부분을 양옆으로 내린다.

04 보조선을 사진과 같이 바꿔 접는다.

다음 페이지로

축소

03 위로 펼친다.

04-2 각각 아래로 접어 내린다.

11 **12**를 참고해서 사진의 보조선을 따라 접는다.

12 반대쪽도 같은 방법으로 접는다.

05 여기까지 접었다면 위에서 본다.

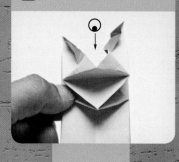

10 어깨 부분을 펼친다.

13 뒤집는다.

확대

뒤집기

뒤집기

06 **07**을 참고하여 사진의 보조선을 따라 접는다.

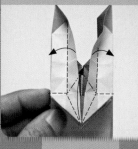

09 뒤집는다.

14 계단 접기.

07 계단 접기.

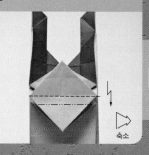

숙소

08 WR03의 **16**~**44**와 같은 방법으로 접는다(041~044페이지 참고).

완성!

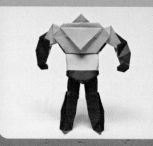

ORIROBO
OR201

오리로보 OR201

접기 난이도 ★★★★☆☆☆

보조선 B에서 시작

START!

01 뒤집는다.

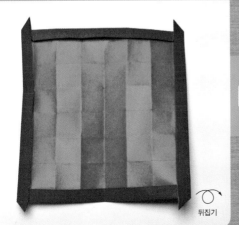

뒤집기

02 뒷면에 접혀 있는 폭(기본 보조선의 1/2)만큼만 가운데를 향해 접는다. 귀퉁이는 각각 위아래를 향하도록 접는다.

03 왼쪽 윗부분을 확대.

04 각도를 달리하여 계단 접기.

확대

다음 페이지로

05 보조선이 만들어지면 펼친다.

12 왼쪽으로 접는다.

13 가운데 선에 맞춰 보조선을 만든다.

확대

회전

06 사진의 보조선을 따라 입체적으로 접는다.

11 방향을 바꿔 표시된 ◯ 부분을 확대.

14 왼쪽도 같은 방법으로 보조선을 만든다.

07 **08**을 참고하여 사진의 보조선을 따라 접는다.

10 위 두 귀퉁이는 양옆으로 내리고 아래 두 귀퉁이는 펼쳐 눌러 접는다.

15 위로 올리면서 양옆을 가운데 선에 맞춰 접는다.

08 나머지 세 귀퉁이도 같은 방법으로 접는다.

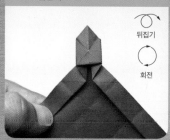

뒤집기

회전

09 보조선 한 칸만큼을 접고 귀퉁이를 세운다.

15-2 위로 올린 상태 (가운데 선에 맞춰 접는다).

19 펼치면서 눌러 접는다.

20 사진의 보조선을 따라 안으로 접어 넣는다.

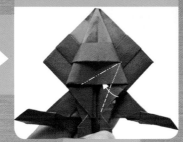

27 양옆을 가운데 선에 맞춰 접는다.

다음 페이지로

확대

18 **19**를 참고하여 사진의 보조선을 따라 접는다.

21 왼쪽도 같은 방법으로 접어 넣는다.

26 위로 펼쳐 올린다.

회전

17 대각선으로 보조선을 만든다.

22 뒤집는다.

25 보조선을 만든다.

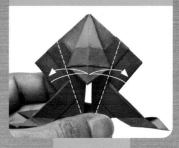

뒤집기

16 다른 한 쪽도 **12**~**15**와 같은 방법으로 접는다.

23 펼쳐 눌러 접는다.

24 사진의 보조선을 따라 안으로 접어 넣는다.

이 부분은 가운데 선에 맞춘다
(이 부분이 머리가 된다)

28 뒤집는다.

뒤집기

34 넣어 접기 하듯이 팔이 될 부분을 내린다.

회전

35 접혀 있는 부분을 한 겹만 빼내어 사진의 보조선을 따라 접는다.

29 위로 올려 접으면서 틈새에 끼워 넣는다.

33 다음은 정면에서 본다.

36 **35**에서 접은 부분은 뒤로 접어 넘긴다. 손끝은 반으로 접는다.

30 뒤로 접는다.

축소 뒤집기

32 사진의 보조선을 따라 접는다.

37 계단 접기.

30-2 뒤에서 본 모양(다음은 뒤집어서 머리 쪽을 본다).

확대

뒤집기

회전

31 양옆으로 펼친다.

38 뒤집는다.

뒤집기

42 각도를 달리하여 계단 접기.

43 손끝과 옆을 접어 손 모양을 다듬는다.

완성!

41 펼치면서 각도를 달리하여 계단 접기.

44 반대쪽 팔도 **34**~**43**과 같은 방법으로 접는다.

49 반대쪽 다리도 **45**~**48**과 같이 접는다.

뒤집기

축소

40 뒤집는다.

45 다리를 약간 벌리고 아래에서 본다.

48 다리 끝을 넣어 접기 2회 하여 다리 전체를 살짝 반으로 접는다.

39 **40**을 참고하여 사진의 보조선을 따라 접는다.

46 몸통과 연결된 부분을 돌리듯이 각도를 달리하여 계단 접기.

47 무릎 부분을 위로 올린다.

ORIROBO
OR301

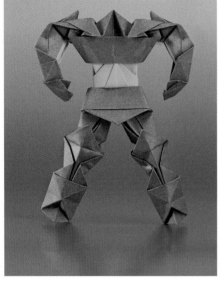

오리로보 OR301

접기 난이도 ★★★★★☆☆

오리로보 OR201의 **16**에서 네 귀퉁이의 각도를 전 부
같게 접은 상태에서 시작(047페이지 참고)

START!

01 대각선으로 보조선을 만든다.

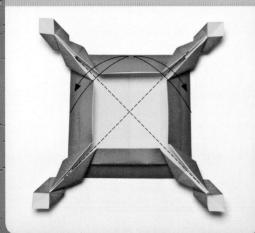

02 사진의 보조선을 따라 뒤집듯이 접는다.

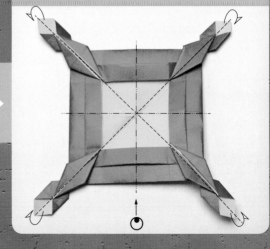

03 펼치면서 눌러 접는다.

04 뒤집는다.

뒤집기

05 펼치면서 눌러 접는다.

12 옆에서 본다.

13 접힌 부분을 당겨 빼낸다.

06 오리로보 OR201의 **20** **21**과 같은 방법으로 접는다(049페이지 참고).

11 뒤로 접어 넘긴다.

13-2 빼냈다면 다시 납작하게 누른다.

07 보조선을 만든다.

10 사진의 보조선을 따라 접어 올려 틈 사이로 끼워 넣는다.

회전

뒤집기

14 뒤집는다.

뒤집기

08 펼쳐 올리면서 양옆을 가운데 선에 맞춰 접는다(049페이지 참고).

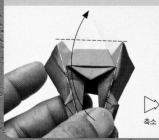

축소

09 뒤집는다.

15 팔 전체를 넣어 접기 하여 옆으로 뻗도록 접는다.

다음 페이지로

16 윗부분을 펼치면서 사진의 보조선을 따라 아래로 접는다.

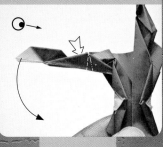

23 반대쪽 팔도 **12**~**22**와 같은 방법으로 접는다.

17 가운데 선을 따라 반으로 접는다.

22 정면에서 본다.

24 손과 다리 접는 방법은 오리로보 OR201과 같다(051페이지 참고).

18 접힌 부분을 당겨 빼낸다.

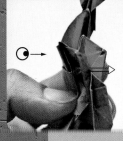

21 **22**를 참고하여 표시된 부분을 조절하면서 접는다.

완성!

19 뒤집어씌우듯이 접는다.

20 사진의 보조선을 따라 살짝 접는다.

START!

SHRED
SH310

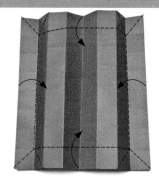

슈레드 SH310

접기 난이도　★★★☆☆☆☆

01 보조선 한 칸만큼 계곡 접기 하고 귀퉁이는 각각 위아래를 향하도록 접는다.

축소

02 위쪽 두 귀퉁이를 펼치면서 눌러 접는다(왼쪽 귀퉁이 확대).

04 위로 올리면서 양옆을 가운데 선에 맞춰 접는다.

03 가운데 선에 맞춰 보조선을 만든다.

확대

05 나머지 한 쪽도 같은 방법으로 접는다.

축소

06 뒤로 산 접기 한다(아래쪽 두 귀퉁이는 옆으로 접어 넘긴다).

07 옆으로 펼치면서 위를 눌러 삼각형이 되도록 접는다.

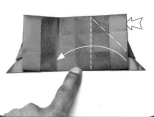

다음 페이지로

08 펼치면서 눌러 접는다.

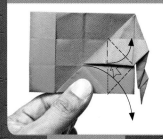

15 사진의 보조선을 따라 펼치면서 눌러 접는다.

16 보조선을 만들기 위해 각도를 달리하여 계단 접기 한다.

09 오른쪽으로 접는다.

14 오른쪽으로 접는다.

17 보조선이 만들어지면 다시 편다.

10 가운데 선에 맞춰 보조선을 만든다.

13 아래로 내린다.

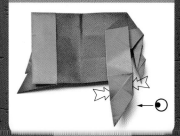

18 양쪽을 벌리면서 펼친다.

11 오른쪽도 동일하게 보조선을 만든다. **09**에서 접었던 부분은 다시 편다.

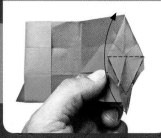

12 위로 올리면서 양옆을 가운데 선에 맞춰 접는다.

19 사진의 보조선을 따라 접는다.

22 반대쪽도 **07**~**21**과 같은 방법으로 접는다.

뒤집기

23 위로 접어 올린다.

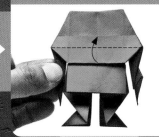

30 사진의 보조선을 따라 한꺼번에 접는다.

 다음 페이지로

21 넣어 접기 하듯이 접는다.

24 위로 펼치면서 눌러 접는다.

29 가운데 부분을 한꺼번에 잡고 반으로 접는다.

20 펼쳐서 반으로 접으면서 윗부분을 삼각형으로 눌러 접는다.

25 아래로 접어 내린다.

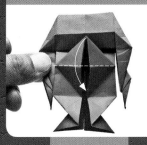

28 한 겹만 위로 접어 올린다.

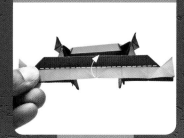

19-2 접는 중.

26 다리를 양옆으로 당긴다.

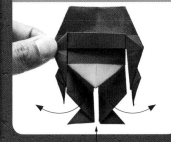

27 반으로 접었다 펴서 보조선을 만든다.

30-2 접는 중.

37 접혀 있는 부분을 빼내 팔의 두께를 맞춘다.

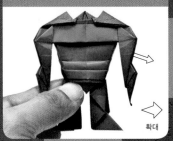

확대

38 각도를 달리하여 속으로 계단 접기.

뒤집기

축소

31 반대쪽도 같은 방법으로 접는다.

36 조금 간격을 두고 위로 접어 올린다.

39 손끝을 뒤집어 접기.

32 몸통 부분을 뒤로 접어 넘긴다.

35 가운데 부분만 아래로 접어 내린다.

40 반대쪽 팔도 **37**~**39**와 같은 방법으로 접는다.

축소

확대

뒤집기

축소

33 대각선으로 접는다.

34 뒤집는다.

완성!

보조선 A에서 시작

START!

SHRED
SH210

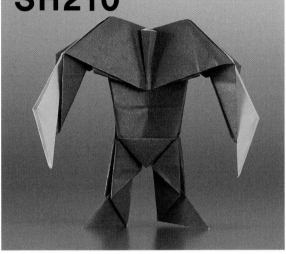

슈레드 SH210

접기 난이도　★★★☆☆☆

다음 페이지로

01 보조선 한 칸만큼 계곡 접기 하고 귀퉁이는 각각 위아래를 향하도록 접는다.

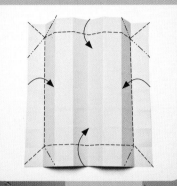

축소

02 표시된 부분을 반으로 접는다.
○ 표시된 부분을 확대.

확대

03 보조선이 만들어지면 다시 편다.

04 뒤집어 접기.

05 펼친다.

06 위를 눌러 접는다.

07 오른쪽 윗부분의 귀퉁이도 **02**~**06**과 같은 방법으로 접는다.

08 뒤집는다.

뒤집기

14 반대쪽도 **10**~**13**과 같은 방법으로 접는다.

축소

15 반으로 접어 내린다.

09 보조선 한 칸만큼 계곡 접기 하고 귀퉁이는 각각 양옆을 향하도록 접는다.

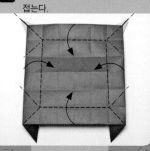

13-2 접는 중.

16 **17**을 참고하여 사진의 보조선을 따라 뒤로 접는다.

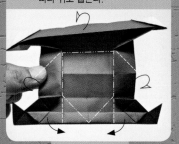

10 보조선을 만들기 위해 각도를 달리하여 계단 접기 한다.

확대

13 사진의 보조선을 따라 접는다.

17 뒤로 접어 넣는다.

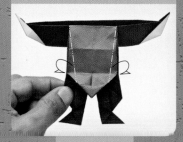

11 보조선이 만들어지면 다시 편다.

12 양쪽을 벌리면서 펼친다.

18 뒤집는다.

확대

회전

뒤집기

22 옆에서 본다.

확대

23 겹쳐진 부분을 뺀다.

이곳의 겹쳐진 부분을 뺀다

완성!

축소

21 겹쳐진 부분을 뺀다.

이곳의 겹쳐진 부분을 뺀다

24 뺀 상태로 다시 납작해지도록 누른다.

29 펼치면서 눌러 접는다(이쑤시개 등을 이용하면 간단하다).

20 뒤로 접어 넘긴다.

25 반대쪽도 **23 24** 와 같은 방법으로 접는다.

28 **29** 를 참고하여 넣어 접기 2회 한다.

축소

회전

뒤집기

19 사진의 선을 따라 손가락으로 모아 쥐듯이 비스듬하게 접는다.

26 양옆을 가운데 선에 맞춰 각각 반으로 접고, 윗부분은 삼각형으로 눌러 접는다.

27 뒤집는다.

ORIGAMI SOLDIER
N534

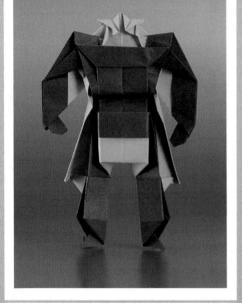

오리가미 솔저 N534

접기 난이도 ★★★★☆☆☆

보조선 B에서 시작

START!

01 뒤집는다.

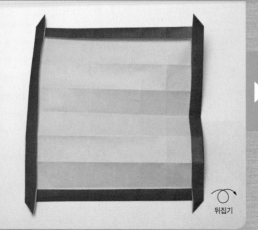

뒤집기

02 사진의 보조선을 따라 계곡 접기 하고 위쪽 두 귀퉁이는 양옆을 향하도록, 아래쪽 두 귀퉁이는 아래를 향하도록 접는다.

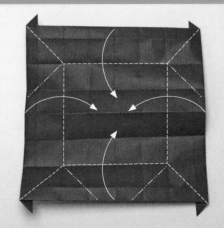

03 발끝을 각도를 달리하여 계단 접기 한다.
○ 표시된 부분을 확대.

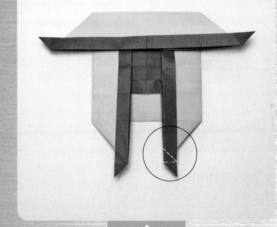

04 보조선이 만들어지면 다시 편다.

확대

05 양쪽을 벌려 펼친다.

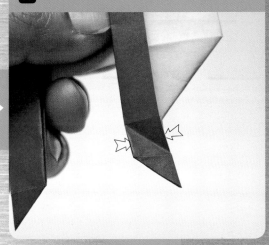

09 다시 뒤로 접어 넘긴다.

축소

06 사진의 보조선을 따라 접는다.

08 원래 있던 보조선(위)을 이용해 한꺼번에 계단 접기.

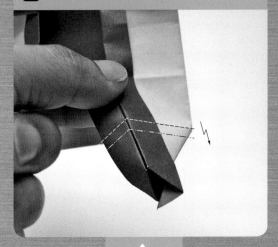

06-2 접는 중.

07 뒤쪽의 종이를 펼친다.

10 반대쪽도 **03**~**09**와 같은 방법으로 접는다.

16 -2 접는 중.

축소

17 계단 접기 하여 보조선을 만든다. 보조선이 만들어지면 다시 편다.

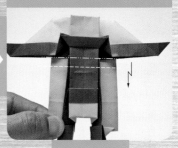

축소

11 살짝만 계단 접기 한다.

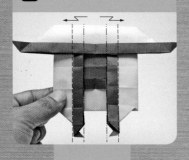

16 **14**에서 접은 부분을 살짝 펴서 사진의 보조선을 따라 위로 접어 올린다.

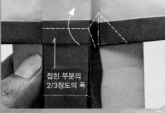 

접힌 부분의 2/3정도의 폭

 뒤집기

확대

18 사진의 보조선과 계단 접기 한 보조선을 이용해 접는다.

12 뒤집는다.

뒤집기

15 뒤집는다.

19 몸통 안쪽으로 접어 넣는다.

13 사진의 보조선을 따라 위로 접어 올린다.

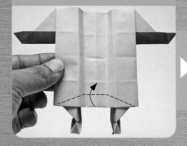

14 가운데를 향해 접는다.

20 보조선을 따라 뒤로 접는다.

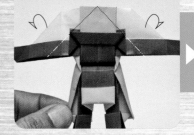

23 가운데를 향해 접는다.

24 반대쪽도 **22** **23**과 같은 방법으로 접는다.

완성!

축소

22-2 접는 중.

25 넣어 접기 하듯이 어깨 부분을 빼내면서 접는다.

뒤집기

22 A를 모아 쥐듯이 반으로 접으면서 B를 뒤로 접어 넘긴다.

B ← A

뒤집기   확대

26 접힌 부분을 빼내면서 접는다.

29 반대쪽 손도 **27** **28**과 같은 방법으로 접는다.

21 뒤집는다.

27 각도를 달리하여 계단 접기.

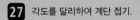

확대

28 뒤로 접어서 손 모양을 다듬는다.

ORIGAMI SOLDIER
K562

오리가미 솔저 K562

접기 난이도 ★★★★☆☆☆

오리가미 솔저 N534의 **14**에서 시작
(062페이지 참고)

START!

01 오리가미 솔저 N534의 **14**에서 접은 부분을 살짝 편다.

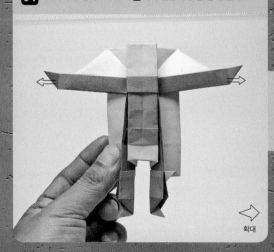

확대

03 반대쪽도 같은 방법으로 접는다.

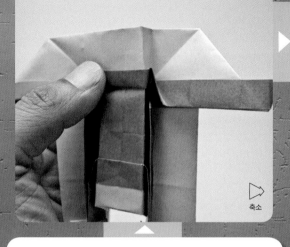

축소

02 -2 접는 중.

02 사진의 보조선을 따라 위로 접어 올린다.

접힌 부분의
3/4 정도의 폭

04 옆에서 본다.

확대

05 넣어 접기 하듯이 아래로 접어 내린다.

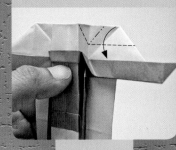

06 넣어 접기 하듯이 팔을 아래로 접어 내린다.

07 반대쪽 팔도 **05** **06** 과 같은 방법으로 접는다.

축소

08 계단 접기 하여 보조선을 만든다.

09 사진의 보조선과 계단 접기 한 보조선을 이용해 접는다.

확대

10 몸통 안쪽으로 접어 넣는다.

11 가운데 선에 맞춰 접는다.

12 가운데를 향해 비스듬하게 접어 넣는다(핀셋을 사용하면 쉽다).

13 손 모양을 다듬는다 (065페이지 **27** **28** 참고).

완성!

ORIGAMI SOLDIER
M497

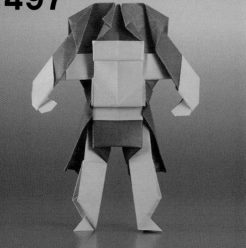

오리가미 솔저 M497

접기 난이도 ★★★★☆☆☆

오리가미 솔저 K562의 **03** 에서 시작
(066페이지 참고)

START!

01 비스듬하게 접는다.

02 가운데 선에 맞춰 옆으로 접는다.

03 비스듬하게 접는다.

04 옆으로 살짝 펼치면서 눌러 접는다.

05 반대쪽 팔도 **01**~**04**와 같은 방법으로 접는다.

06 손은 065페이지, 몸통은 067페이지를 참고하여 접는다.

확대

완성!

ORIGAMI SOLDIER
H537

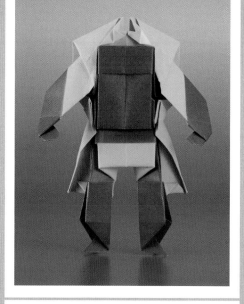

오리가미 솔저 H537

접기 난이도 ★★★★☆☆☆

오리가미 솔저 N534의 14에서 시작
(062페이지 참고)

START!

01 오리가미 솔저 N534의 14에서 접은 부분을 살짝 편다.

02 가운데 부분을 접힌 종이 폭 만큼 위로 접어 올린다.

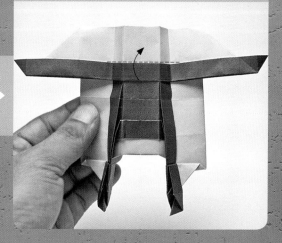

04 가운데 선에 맞춰 삼각형이 되도록 접는다.

다음 페이지로

03 사진의 보조선과 **01**에서 폈던 보조선을 따라 접는다.

05 가운데 선에 맞춰 비스듬하게 접는다.

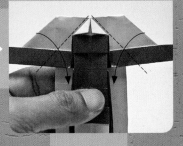

06 옆으로 살짝 펼치면서 눌러 접는다.

확대

06-2 옆으로 펼친 모양 (위에서 누르듯이 접는다).

07 펼치면서 눌러 접는다.

뒤집기

08 가운데 부분을 뒤로 접어 넣는다.

08-2 뒤에서 본 모양.

뒤집기

09 머리 완성 (다음은 전체를 본다).

축소

10 몸통 접기 방법은 067페이지를 참고.

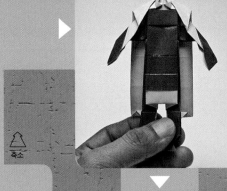

11 A·B를 C의 뒤쪽에 끼워 넣는다 (손 접기 방법은 065페이지 참고).

A   B
C

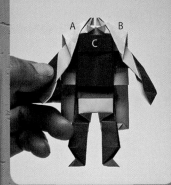

완성!

ORIGAMI SOLDIER
S521

오리가미 솔저 S521

접기 난이도 ★★★★☆☆☆

오리가미 솔저 N534의 **14**에서 시작
(062페이지 참고)

START!

다음 페이지로 ▶

04 반대쪽 팔도 **02** **03**과 같은 방법으로 접는다.

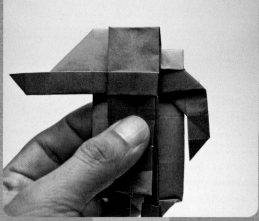

▲

03 팔 부분만 뒤로 접어 내린다.

▲

01 오리가미 솔저 N534의 **14**에서 접은 부분을 살짝 편다.

▶

02 넣어 접기 하듯이 아래로 접어 내린다.

05 사진의 보조선을 따라 가운데를 향해 모아 접는다.

12 팔 부분을 젖히고 옆에서 본다.

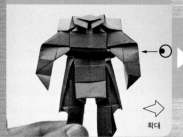

확대

13 안으로 접어 넣는다.

축소

06 펼치면서 눌러 접는다.

11 사진의 보조선과 계단 접기 한 보조선을 이용해 접는다.

14 반대쪽도 같은 방법으로 접는다.

축소

07 왼쪽으로 모아 넘긴다.

10 계단 접기 하여 보조선을 만든다.

15 손 접기 방법은 065페이지를 참고.

08 위로 당겨 올리면서 **07**에서 접은 부분을 되돌린다.

09 왼쪽도 **07 08**과 같은 방법으로 접는다.

완성!

COSMO RADAR WING

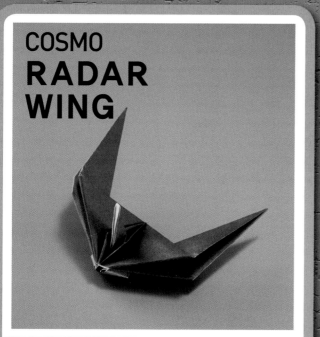

코스모 레이더 윙

접기 난이도 ★★☆☆☆☆☆

START!

01 대각선으로 반을 접는다.

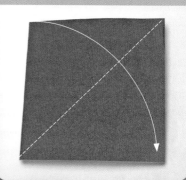

축소

02 토끼 귀 접기(귀퉁이를 각각 반으로 접어 보조선을 만든다).

03 펼치면서 눌러 접는다.

02-2 사진의 보조선을 따라 접고 귀퉁이는 뾰족하게 세운다.

04 가운데 선에 맞춰 보조선을 만든다.

05 화살표 방향으로 펼치면서 눌러 접는다.

06 뒤집는다.

다음 페이지로

뒤집기

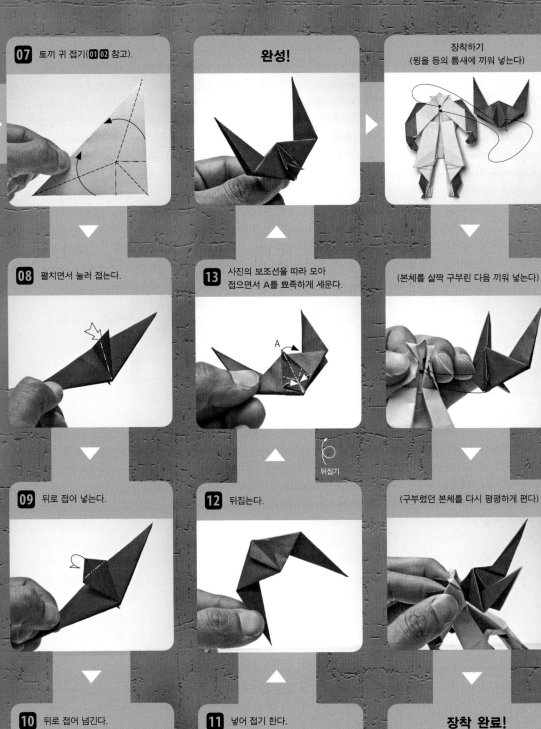

07 토끼 귀 접기(**01** **02** 참고).

완성!

장착하기
(윙을 등의 틈새에 끼워 넣는다)

08 펼치면서 눌러 접는다.

13 사진의 보조선을 따라 모아 접으면서 A를 뾰족하게 세운다.

(본체를 살짝 구부린 다음 끼워 넣는다)

뒤집기

09 뒤로 접어 넣는다.

12 뒤집는다.

(구부렸던 본체를 다시 평평하게 편다)

10 뒤로 접어 넘긴다.

11 넣어 접기 한다.

장착 완료!

COSMO
POWER
GUARD

코스모 파워 가드

접기 난이도 ★★★★★★★

START!

01 대각선으로 보조선을 만든다.

02 가운데에 맞춰 귀퉁이를 접는다.

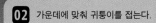

축소

04 보조선을 만든다.

03 가운데 선에 맞춰 뒤로 접는다.

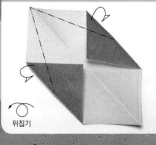

뒤집기

05 양옆을 벌리면서 보조선을 따라
A를 접어 내린다.

06 사진의 보조선을 따라 접는다.

07 반대쪽도 **03**~**05**와 같은
방법으로 접는다.

다음 페이지로

08 뒤집는다.

뒤집기

완성!

장착하기
(○ 표시된 부분을 A나 B에 끼워 넣는다)

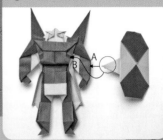

A
B

B에 장착 완료!

A에 장착 완료!

솔저 본체를 접을 때 사용한 종이의
1/4크기 종이를 사용합니다.

START!

POWER
SWORD

파워 소드

접기 난이도 ★★☆☆☆☆☆

01 대각선으로 보조선을 만든다.

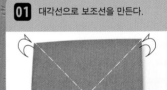

02 가운데 선에 맞춰 보조선을 만든다.

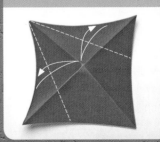

06 사진의 보조선을 따라 접는다.

07 뒤집는다.

14 감싸듯이 접는다.

다음 페이지로

뒤집기

05 뒤로 접어 넘긴다.

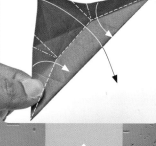

08 사진의 보조선을 따라 접는다.

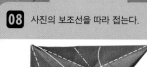

13 뒤집는다.

04 사진에 표시된 위치에 보조선을 만든다.

09 ①, ②의 순서로 각도가 반이 되도록 겹쳐 접는다.

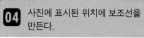

12 사진의 보조선을 따라 접으면서 안으로 끼워 넣는다.

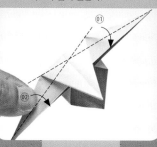

축소

03 나머지 세 귀퉁이도 **02**와 같은 방법으로 보조선을 만든다.

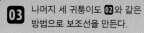

10 뒤집는다.

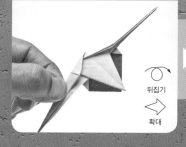

뒤집기

확대

11 사진의 보조선을 따라 접는다.

15 뒤로 말아 넣듯이 접는다.

16 뒤집는다.

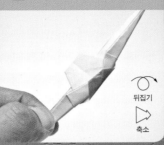

뒤집기

축소

완성!

장착 완료!

(틈새에 끼워 넣는 중)

장착하기
(팔을 소드의 틈새에 끼워 넣는다)

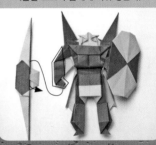

솔저 본체를
접을 때 사용한
종이의 1/4크기
종이를 사용합니다.

START!

POWER SPEAR

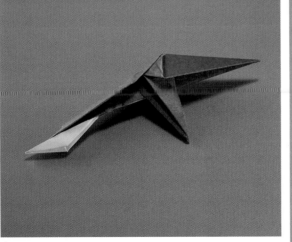

파워 스피어

접기 난이도 ★★★★★★★

01 가로세로 가운데에 각각 보조선을
만든다.

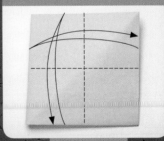

02 가로세로 각각 가운데 선의
1/3폭으로 접는다.

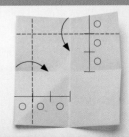

06 보조선을 만든다.

확대 →

회전

07 뒤집어 접기.

14 반대쪽도 같은 방법으로 접는다.

뒤집기

다음 페이지로

05 보조선을 따라 접고 귀퉁이는 뾰족하게 세운다.

08 펼치면서 위를 눌러 삼각형이 되도록 접는다.

축소

13 사진의 보조선을 따라 접는다.

회전

04 두 귀퉁이를 각각 보조선에 맞춰 삼각형으로 접는다.

09 대각선으로 보조선을 만든다.

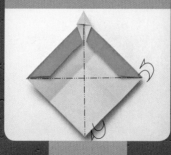

12 반으로 접는다.

03 보조선이 만들어지면 다시 편다.

10 가운데 선에 맞춰 보조선을 만든다.

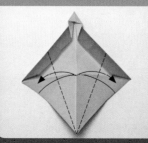

11 나머지 세 귀퉁이도 **10**과 같은 방법으로 보조선을 만든다.

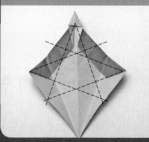

15 반전한 뒤 다시 회전한다.

반전   회전

16 넣어 접기.

17 뒤집어 접기 하듯이 접는다.

18 사진의 보조선을 따라 접는다.

장착 완료!

장착하기
(팔꿈치의 틈새에 끼워 넣는다)

완성!

19 뒤로 접어 넘긴다.

Dr.WG
ONE POINT
ADVICE

닥터WG의
원 포인트 어드바이스

01
접는 방법을
이해하기 어려울 때는
그다음 사진을 잘
살펴보아요!

종이접기를 하다보면 사진에 표시된 선을 아무리 봐도 잘 이해되지 않는 경우가 있어요. 그럴 때는 그다음 사진을 잘 살펴보면서 어떻게 하면 그다음 사진처럼 될지 머릿속으로 그려 보세요. 수수께끼가 풀리고 나면 크나큰 성취감을 맛볼 수 있어요!

닥터BG의
누구일까요?
오리로보
그림자 퀴즈

Q1

힌트
솔저의
리더는?

Q2

힌트
지구의 자연을
되살리기 위해
일하는 로봇

정답: Q1=솔저기어돌격 N534, Q2=WR02

LASER ARROW SWORD

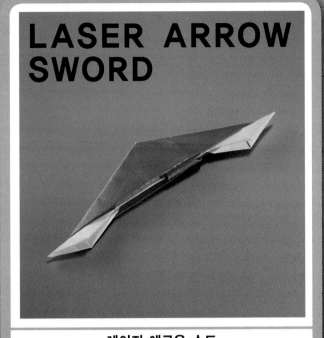

레이저 애로우 소드

접기 난이도 ★★★★★★★

솔저 본체를 접을 때 사용한 종이의
1/4크기 종이를 사용합니다.

START!

01 가로세로 가운데에 각각 보조선을 만든다.

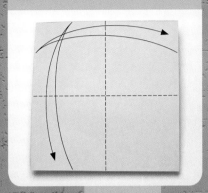

축소

02 네 변을 각각 가운데 선의 1/3폭으로 접는다.

04 가운데를 향하도록 접으면서 귀퉁이는 뾰족하게 세운다.

03 보조선이 만들어지면 다시 편다.

05 A·C는 바닥 선에 맞춰 보조선을 만들고 B는 반으로 접은 다음 옆으로 눕힌다.

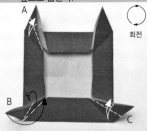

회전

06 A·C를 뒤집어 접기 한다.

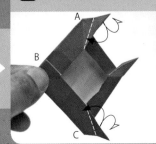

07 A를 확대.

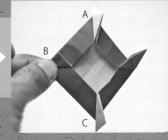

다음 페이지로

확대

08 펼치면서 위를 눌러 삼각형이 되도록 접는다(C도 같은 방법으로).

완성!

축소

장착하기
(표시된 부분을 틈새에 끼워 넣는다)

확대

09 반으로 접는다.

14 맨 위쪽 틈새에 끼워 넣는다.

(맨 아래쪽 틈새에 끼워 넣는다)

확대

회전

반전

축소

10 토끼 귀 접기 하면서 귀퉁이는 세우지 말고 위로 눕혀 접는다.

13 뒷면으로 돌린다.

장착 완료!

11 뒤집는다.

뒤집기

12 10과 같은 방법으로 접는다.

DRAGON ARM

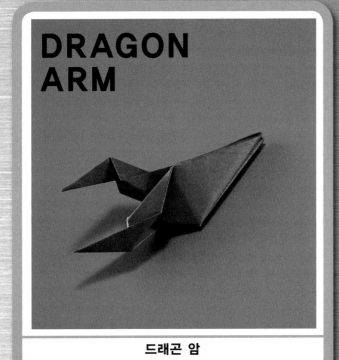

드래곤 암

접기 난이도 ★★★★★★★

솔저 본체를 접을 때 사용한 종이의
1/4크기 종이를 사용합니다.

START!

01 대각선으로 보조선을 만든다.

축소

02 가운데 선에 맞춰 접는다.

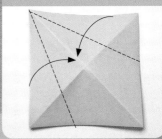

04 보조선을 만든다.

03 가운데 선에 맞춰 접는다.

05 04에서 만든 보조선에 맞춰
접으면서 앞으로 세운다.

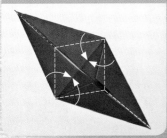

06 뒤로 접어 넘기면서 모양을
다듬는다.

06-2 뒤로 접어 넘긴 모양

다음 페이지로

07 뒤집어 접기.

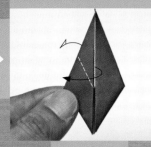

완성!

장착하기
(표시된 부분을 틈새에 끼워 넣는다)

08 뒤집어 접기.

11-2 한꺼번에 접어 넣는 중.

(틈새에 끼워 넣는 중)

09 넣어 접기.

11 A를 살짝 벌려서 B를 한꺼번에
접어 넣는다.

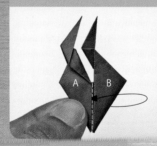

장착 완료!

10 넣어 접기.

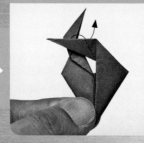

GALAXY LASER GUN

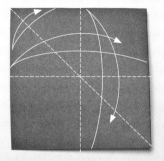

갤럭시 레이저 건

접기 난이도　★★★★★★★

START!

01 가로세로와 대각선으로 각각 보조선을 만든다.

축소

02 가운데 선에 맞춰 보조선을 만든다.

04 사진의 보조선을 따라 귀퉁이를 접는다.

03 02에서 만든 보조선에 맞춰 다시 보조선을 만든다.

05 보조선 한 칸만큼 가운데를 향해 접는다.

06 가운데 선에 맞춰 접는다.

07 한꺼번에 계단 접기 한다.

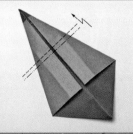

다음 페이지로

08 뒤집는다.

뒤집기

14 사진의 보조선을 따라 접으면서 위쪽 틈새에 끼워 넣는다.

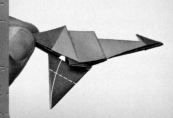

뒤집기

완성!

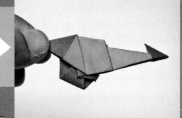

09 전체를 반으로 접으면서 끝부분은 펼치면서 접어 세운다.

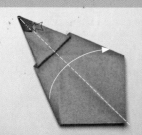

회전

13 뒤집는다.

장착하기
(**14** 에서 접은 부분에 팔을 끼워 넣는다)

10 비스듬하게 접는다(반대쪽도).

12 계단 접기 하면서 안으로 끼워 넣는다.

(끼워 넣는 중)

11 한꺼번에 각도를 달리하여 계단 접기.

이곳을 기점으로 한다

11-2 계단 접기 하는 중, 아래에서 본 모양.

장착 완료!

SHRED
SH410

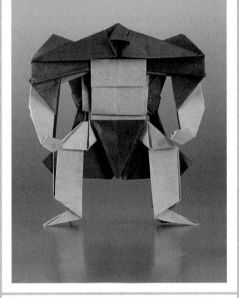

슈레드 SH410

접기 난이도 ★★★★☆☆☆

보조선 B에서 시작

START!

01 뒤집는다.

뒤집기

02 보조선을 따라 가운데를 향해 접으면서 위쪽 두 귀퉁이는 위를, 아래쪽 두 귀퉁이는 아래를 향하도록 접는다.

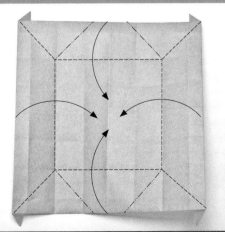

03 계단 접기.

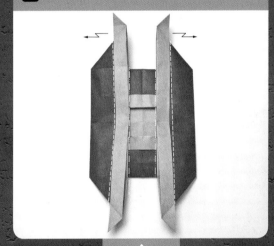

04 표시된 부분을 확대.

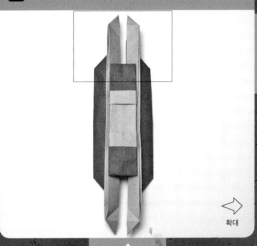

확대

다음 페이지로 ▶

05 각도가 반이 되도록 보조선을 만든다.

12 넣어 접기.

13 앞쪽 틈새를 이용하여 한꺼번에 넣어 접기.

이쪽은 닫은 채로

06 펼치면서 삼각형이 되도록 눌러 접는다.

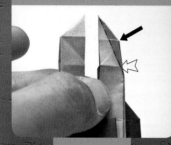

11 넣어 접기.

14 넣어 접기 하여 발을 만든다.

07 다시 접는다.

10 넣어 접기(넣어 접기 한 부분은 등 쪽으로 꺼낸다).

15 반대쪽 발도 **11**~**14**와 같은 방법으로 접는다.

확대

축소

08 나머지 세 곳도 **05**~**07**과 같은 방법으로 접는다.

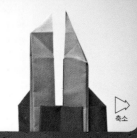

축소

09 표시된 부분을 확대

16 머리와 팔 사이를 약간 벌린다.

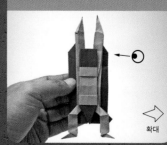

확대

19 반대쪽 팔도 **17 18**과 같은 방법으로 접는다(손끝 접기 방법은 044페이지 **40～42** 참고).

20 사진의 보조선을 따라 양옆을 접고 가운데는 뾰족하게 세운다.

확대 ⇩

완성!

▲

▼

▲

18 넣어 접기 2회 하여 팔의 각도를 맞춘다.

21 펼치면서 위를 눌러 삼각형이 되도록 접는다.

26 반대쪽도 **24 25**와 같은 방법으로 접는다.

▲

▼

▲

17-2 접는 중.

22 전체를 본다.

축소 ⇩

25 뒤로 접어 넣는다.

▲

▼

▲

17 팔을 비스듬하게 늘어뜨리듯이 접어 내린다.

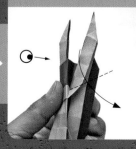

23 한꺼번에 계단 접기.

뒤집기

확대 ⇨

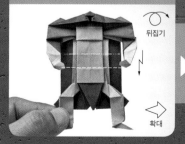

24 사진의 보조선을 따라 펼치면서 눌러 접는다.

SHRED
SH510

슈레드 SH510

접기 난이도   ★★★★★☆☆☆

오리로보 OR201의 위쪽 두 귀퉁이를 **02**에서 접은 모양 그 대로 두고 **16**까지 접은 상태에서 시작(047페이지 참고)

START!

01 표시된 부분을 확대.

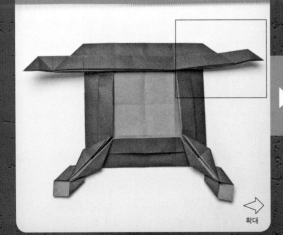

확대

02 보조선에 맞춰 접었다 펴서 새로운 보조선을 만든다.

03 뒤집어 접기.

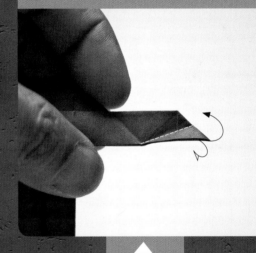

04 펼치면서 삼각형이 되도록 눌러 접는다.

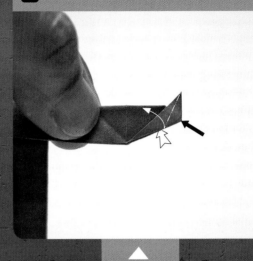

04-2 펼치는 중.

11 보조선을 만든다.

12 위로 펼쳐 올리면서 양옆을 가운데 선에 맞춰 접는다(049 · 050페이지 **26**~**28** 참고).

05 접어 내린다.

10 넣어 접기 하듯이 양쪽을 접어 넣는다(049페이지 **20 21** 참고).

13 뒤집는다.

뒤집기

06 반대쪽 손도 **02**~**05**와 같은 방법으로 접는다.

09 펼치면서 삼각형이 되도록 눌러 접는다.

14 위로 접어 올리면서 틈새에 끼워 넣는다.

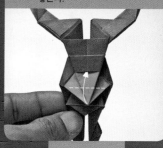

축소

07 대각선으로 보조선을 만든다.

08 사진의 보조선을 따라 접는다.

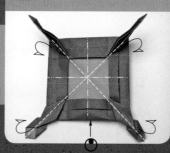

15 뒤집는다.

뒤집기

다음 페이지로

16 넣어 접기 하듯이 팔을 아래로 당겨 내린다.

완성!

뒤집기

17 비스듬하게 접는다.

22 다리 접기 방법은 051페이지 **45**~**49**를 참고.

18 계단 접기.

21 머리 부분을 앞으로 접는다.

19 앞으로 접는다.

20 반대쪽 팔도 **16**~**19**와 같은 방법으로 접는다.

Dr.WG ONE POINT ADVICE

닥터WG의
원 포인트 어드바이스

02

멋지게 완성하고 싶다면 보조선을 만들 때 주의를 기울여요!

오리로보는 여러 번 접어서 만들기 때문에 맨 처음 보조선이 비뚤어지면 접으면서 점점 더 모양이 비뚤어져 균형이 무너지고 약해 보이는 오리로보로 완성되고 말아요. 하나하나 주의 깊게 접는 것이 오리로보의 고수가 되는 지름길이에요.

닥터BG의
누구일까요?
오리로보 그림자 퀴즈

Q3

힌트
갑자기 공격해온 의문의 로봇 가운데 하나

Q4

힌트
레드&그린의 전투용 로봇

정답: Q3=SH310, Q4=OR201

NEO SHRED
BT-TYPE

네오 슈레드 BT

접기 난이도　★★★★★★☆

START!

01　대각선으로 보조선을 만든다.

축소

02　보조선 한 칸만큼 계곡 접기 하고 귀퉁이는 뾰족하게 세운다.

04　가운데 선에 맞춰 보조선을 만든다.

03　뾰족하게 세운 귀퉁이를 펼치면서 눌러 접는다(○ 표시된 부분을 확대).

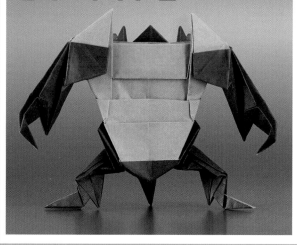

확대

회전

05　사진의 보조선을 따라 접어 올린다.

06　가운데 선에 맞춰 접는다.

07　나머지 세 귀퉁이도 **03**~**06**과 같은 방법으로 접는다.

축소

회전

다음 페이지로

08 뒤집는다.

15 뒤로 접어 넘긴다.

16 뒤집는다.

뒤집기

확대

뒤집기

09 가운데에 맞춰 접고 귀퉁이는 뾰족하게 세운다.

14 **15**를 참고하여 사진의 보조선을 따라 뒤로 접어 넘긴다.

17 접혀 있는 A를 살짝 당겨 올린다.

회전

확대

10 펼치면서 사각형이 되도록 눌러 접는다.

13 나머지 세 귀퉁이도 **10**～**12**와 같은 방법으로 접는다.

18 **19**의 사진을 참고하여 당겨 올린 A를 회전시킨다.

회전

확대

11 그림의 보조선을 따라 접어 올린다.

12 가운데 선에 맞춰 접는다.

18-2 회전하는 중.

22 **23**의 사진과 같이 접는다.

축소

23 반대쪽도 **20**～**22**와 같은 방법으로 접는다.

30 뒤집어 접기.

다음 페이지로

21 ○ 표시된 부분의 겹쳐진 곳을 **22**의 사진과 같이 가운데 쪽으로 밀어 접는다.

24 사진의 보조선을 따라 접고 뒤집어서 윗부분을 확대.

29 각도를 달리하여 속으로 계단 접기.

확대

확대

뒤집가

확대

20 B를 당겨 빼서 **21** 사진의 위치에 고정한다.

B

25 보조선을 따라 접어 내린다.

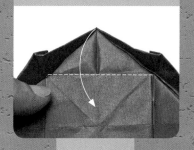

28 표시된 부분을 확대.

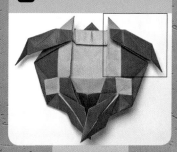

축소

뒤집기

축소

19 **20**의 사진을 참고하여 반대쪽도 **17** **18**과 같은 방법으로 접는다.

26 사진의 보조선을 따라 접어 올린다.

27 뒤집는다.

31 **29**에서 계단 접기 하여 겹친 부분을 접는다(반대쪽도).

38 사진의 보조선을 따라 끝을 오므린다.

39 위로 눕힌다.

확대 →

32 반대쪽 팔도 **29**~**31**과 같은 방법으로 접는다.

37 기울여서 본다.

40 팔을 내려 닫는다.

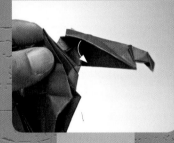

축소

뒤집기

33 보조선을 만든다.

36 뒤집는다.

41 반대쪽도 **38**~**40**과 같은 방법으로 접는다.

34 사진의 보조선을 따라 접는다.

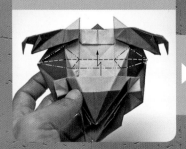

35 다리가 될 부분을 반으로 접으면서 뒤로 접어 넘긴다.

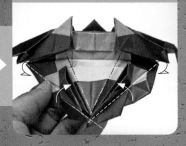

42 어깨 부분을 각도를 달리하여 속으로 계단 접기.

확대

46 넣어 접기.

확대

축소

47 넣어 접기.

완성!

45 반대쪽 팔도 **42**~**44**와 같은 방법으로 접는다.

뒤집기

48 넣어 접기.

53 삼각형 부분을 집듯이 모아 뒤로 접는다.

축소

44 반대쪽도 같은 방법으로 접는다.

49 다리를 위에서 본다.

확대

52 반대쪽 다리도 **46**~**51**과 같은 방법으로 접는다.

축소

43 넣어 접기 하듯이 접어서 팔을 가늘게 만든다.

50 앞쪽으로 씌우듯이 젖힌다.

51 원래 있던 보조선을 따라 다리 모양을 되돌린다.

SPACE SCORPION

스페이스 스콜피온

접기 난이도 ★★★★★★☆

보조선 A에서 시작

START!

01 위쪽과 오른쪽 보조선 한 칸만큼 계곡 접기 하고 귀퉁이는 옆으로 눕힌다.

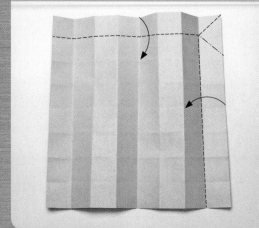

02 뒤집는다(귀퉁이 A의 위치는 그대로).

04 귀퉁이 C를 보조선에 맞춰 접어서 새로운 보조선을 만든다 (다음은 C를 확대).

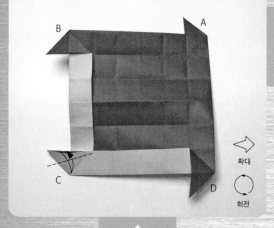

확대

회전

03 왼쪽과 아래쪽 보조선 한 칸만큼 계곡 접기 하고 귀퉁이 B, D는 펼치면서 삼각형이 되도록 눌러 접는다. 귀퉁이 C는 뾰족하게 세운다.

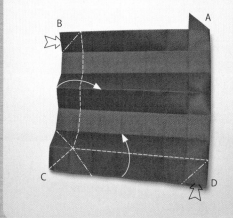

뒤집기

05 뒤집어 접기.

12 펼친다.

13 가운데를 향해 접고 뒷면은 **14**의 사진과 같이 펼친다.

축소 ▽

06 펼치면서 위를 눌러 삼각형이 되도록 접는다.

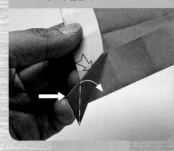

11 가운데 선에 맞춰 보조선을 만든다.

14 뒤집는다.

축소 ▽

뒤집기

07 반으로 접는다.

10 가운데 선에 맞춰 보조선을 만든다.

15 접는다.

확대

08 왼쪽은 앞으로 접고 오른쪽은 뒤로 접는다.

09 가운데를 펼치면서 사각형이 되도록 접는다.

16 사진의 보조선을 따라 접는다.

확대

ORIROBO ORIGAMI SOLDIER 099

17 16에서 접은 선에 맞춰 접는다.

24 한 겹만 접어 넘긴다.

25 사진의 보조선을 따라 접는다.

18 17과 같은 방법으로 접는다.

23 다시 반을 접어 내린다 (반대쪽도).

26 접는다.

19 안으로 접어 넣는다.

22 C, B, D는 그대로 둔 채 가운데 선에 맞춰 접는다.

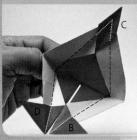

27 다른 한 쪽도 24∼26과 같은 방법으로 접는다.

20 가운데 선에 맞춰 보조선을 만든다.

축소

21 사진의 보조선을 따라 펼쳐 올린다.

28 사진의 보조선을 따라 접는다.

32 사진의 보조선을 따라 접는다.

33 한꺼번에 뒤로 접는다.

40 넣어 접기.

다음 페이지로

31 사진의 보조선을 따라 접는다.

34 반대쪽 집게도 **30**~**33**과 같은 방법으로 접는다.

39 넣어 접기.

확대

축소

확대

30 넣어 접기.

35 뒤집어서 회전.

38 사진의 보조선을 따라 넣어 접기.

뒷면의 겹쳐진 부분 끝부터 접는다 (**39** **40**도 마찬가지)

회전

뒤집기

29 뒤로 접는다.

36 가운데를 향해 접는다.

37 사진의 보조선을 따라 접는다.

원래 있던 보조선은 여기

41 펼치면서 위로 눌러 접는다.

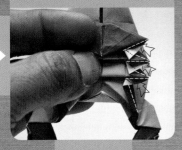

47 반대쪽도 45 46 과 같은 방법으로 접는다.

48 뒤로 접는다.

42 반대쪽도 38 ~ 41 과 같은 방법으로 접는다.

46 계단 접기 되어 있는 부분을 살짝 펼치면서 꼬리를 접는다.

49 꼬리 끝을 감싸듯이 접는다. 중간 부분은 살짝 접어서 세운다.

축소

43 계단 접기 하여 덮는다.

45 비스듬하게 접는다.

완성!

축소

뒤집기

44 뒤집는다.

SPACE SPIDER

스페이스 스파이더

접기 난이도 ★★★★★☆☆☆

START!

01 반으로 접는다.

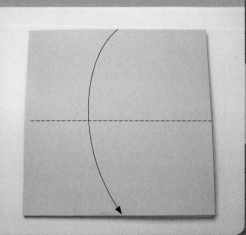

02 반으로 접는다.

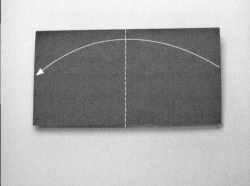

03 펼치면서 삼각형이 되도록 눌러 접는다.

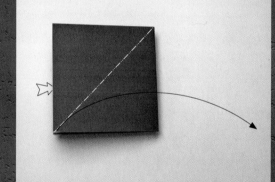

04 사진과 같이 보조선을 만든다.

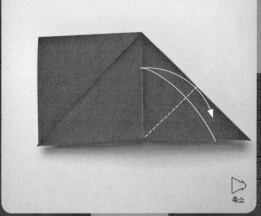

다음 페이지로

축소

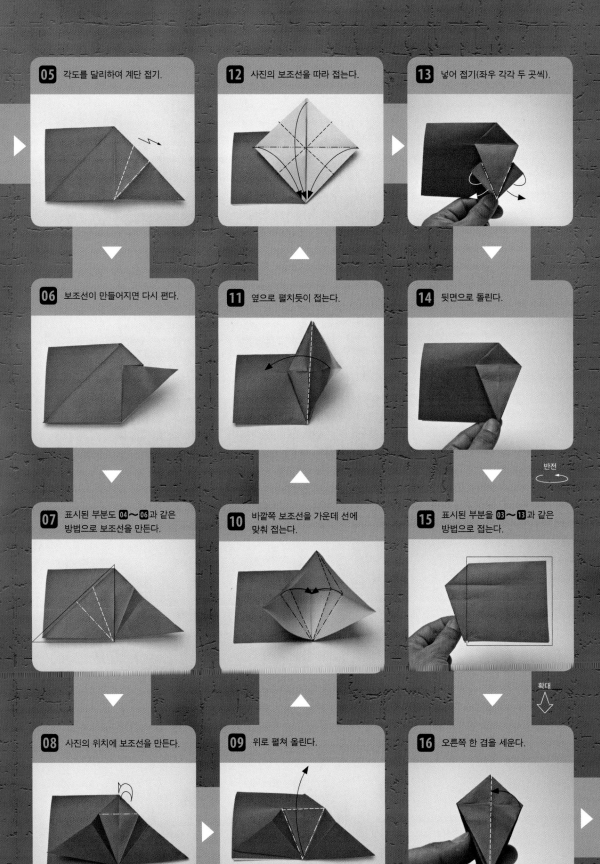

05 각도를 달리하여 계단 접기.

12 사진의 보조선을 따라 접는다.

13 넣어 접기(좌우 각각 두 곳씩).

06 보조선이 만들어지면 다시 편다.

11 옆으로 펼치듯이 접는다.

14 뒷면으로 돌린다.

반전

07 표시된 부분도 04~06과 같은 방법으로 보조선을 만든다.

10 바깥쪽 보조선을 가운데 선에 맞춰 접는다.

15 표시된 부분을 03~13과 같은 방법으로 접는다.

확대

08 사진의 위치에 보조선을 만든다.

09 위로 펼쳐 올린다.

16 오른쪽 한 겹을 세운다.

20 오른쪽 한 겹을 세운다.

21 **17** **18**과 같은 방법으로 접는다.

28 다른 한 쪽도 **26** **27**과 같은 방법으로 접는다.

다음 페이지로

↺ 뒤집기

19 뒤집는다.

22 앞다리 두 개를 위로 접어 올린다.

다리가 좌우 각각 4개씩 있는지 확인

27 가운데에서 넣어 접기.

18 위를 눌러 삼각형이 되도록 접는다.

23 넣어 접기.

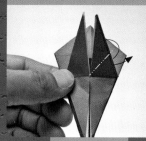

26 넣어 접기.

17 겉 테두리와 속의 오른쪽 주머니 테두리를 양옆으로 벌린다.

24 몸통의 옆선에 맞춰 넣어 접기.

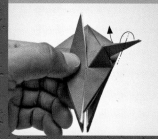

25 다른 한 쪽도 **23** **24**와 같은 방법으로 접는다(다른 한 쪽은 가운데에서 접는다).

29 넣어 접기.

36 말아 올린다.

36-2 말아 올리는 중.

이곳의 겹쳐진 부분을 펼친다

30 넣어 접기.

35 넣어 접기
(오른쪽은 가운데에서 접는다).

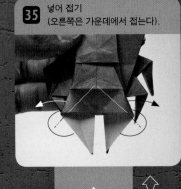

확대

37 **38**을 참고하여 사진의 보조선을
따라 접는다.

31 다른 한 쪽도 **29** **30**과 같은
방법으로 접는다.

34 접혀 있는 부분을 당겨 빼낸다.

38 왼쪽도 같은 방법으로 접는다.

축소

32 뒤집는다.

뒤집기

33 뒤로 접어 넣는다.

39 넣어 접기.

43 위로 젖히고 사진의 보조선을 따라 접는다.

44 되돌린다(다리 부분도).

42 다리 부분을 앞으로 넘긴다.

45 반대쪽도 **40**~**44**와 같은 방법으로 접는다.

회전

▲

뒤집기

뒤집기

41 표시된 부분을 뒤로 접기 위해 뒤집어서 회전.

완성!

40 옆으로 펼치면서 위를 눌러 삼각형이 되도록 접는다.

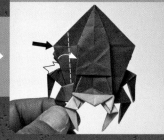

Dr.WG ONE POINT ADVICE

닥터WG의 원 포인트 어드바이스

03

오리로보 고수는 하루아침에 되지 않는다!

오리로보는 한 번 접는 것만으로는 능숙하게 접을 수 없기 마련이에요. 몇 번이고 도전하면서 접는 것에 점점 익숙해진 다음에야 비로소 멋진 오리로보를 완성할 수 있어요. 마지막까지 포기하지 않는 것도 오리로보 고수가 되는 비결이에요.

닥터BG의
누구일까요?
오리로보 그림자 퀴즈

Q5

힌트
헌터 타입
슬저

Q6

힌트
지구를 위기에서 구한 최강의 오리로보

SPACE
SCISSORS

스페이스 시저

접기 난이도　★★★★★☆☆

보조선 A에서 시작

START!

04 계단 접기 한 폭(보조선의 1/2)으로 접는다.

03 계단 접기.

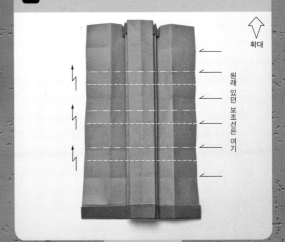

확대

원래 있던 보조선은 여기

01 보조선 한 칸을 반으로 접는다.

02 사진의 기호를 따라 아코디언 접기 하면서 윗부분을 삼각형으로 접어 넣는다.

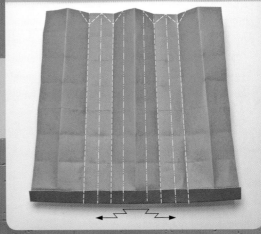

05 보조선의 1/2 폭만큼 산 접기 하고 귀퉁이는 반으로 접는다.

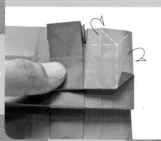

12 **10**에서 벌렸던 부분을 다시 오므린다.

13 뒤집는다.

뒤집기

06 넣어 접기.

11 한꺼번에 계단 접기.

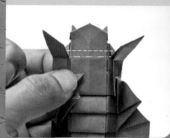

14 바깥쪽으로 접는다.

07 반대쪽도 **04**~**06**과 같은 방법으로 접는다.

10 앞다리가 될 부분을 옆으로 벌린다.

15 뒤로 접어 넘긴다.

08 사진의 보조선을 따라 접는다.

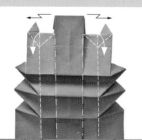

09 뒤로 접는다.

16 위로 접어 올린다.

다음 페이지로

17 넣어 접기.

24 사진의 보조선을 따라 위로 펼쳐 올린다.

25 반대쪽도 **23** **24** 와 같은 방법으로 펼쳐 올린다.

18 뒤집는다.

23 아코디언 접기 된 부분을 펼친다.

26 한꺼번에 접어 내린다.

뒤집기

회전   뒤집기

19 넣어 접기.

22 뒤집고 180° 회전.

27 뒤쪽으로 접어 넣는다.

20 뒤집는다.

뒤집기

21 나머지 세 곳도 **17** ~ **19** 와 같은 방법으로 접는다.

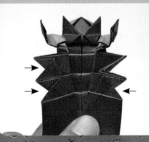

27-2 뒤로 접어 넣는 중.

31 말듯이 비스듬하게 접어서 감싼다.

32 한꺼번에 계단 접기.

Dr.WG
ONE POINT
ADVICE

닥터WG의
원 포인트 어드바이스

04

나만의 종이접기를
즐겨 보세요!

30 비스듬하게 접는다.

33 뒤로 접는다.

접는 방법에 익숙해지면 살짝 바꿔서 나만의 오리로보를 만들어 보세요! 팔이나 다리의 구부리는 방법만 바꿔도 새롭고 멋진 오리로보를 발견할 수 있을지 몰라요. 장착 아이템을 이것저것 바꿔보는 것도 재미있어요. '자르지 않고 한 장으로 접기'를 규칙으로 정해두면 퍼즐 게임을 하듯이 즐겁게 종이접기를 할 수 있고 새로운 아이템도 무한대로 만들어 낼 수 있어요.

29 뒤로 접어 넘긴다.

34 다리 부분을 모아 쥐듯이 반으로 접고 뒤로 구부린다.

확대

28 계단 접기.

35 반대쪽도 **34**와 같은 방법으로 접는다.

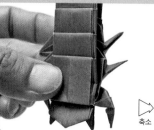

축소

완성!

SHRED DINOSAUR D-TYPE

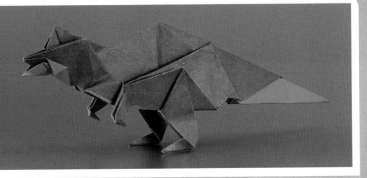

슈레드 다이노소어 D

접기 난이도 ★★★★☆☆☆

START!

01 가로세로 가운데에 각각 보조선을 만든다.

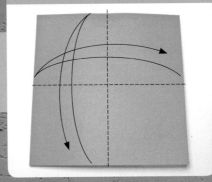

확대

02 가운데에 맞춰 접고 귀퉁이는 양옆으로 눕힌다.

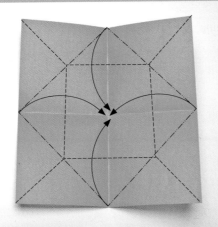

03 기존 보조선에 맞춰 새로운 보조선을 만든다.

04 뒤집어 접기.

축소

08 두 곳을 펼쳐 올리면서 가운데 선에 맞춰 접는다.

09 보조선을 따라 접는다.

16 보조선이 만들어지면 다시 펴고, 왼쪽도 동일하게 보조선을 만든다.

뒤집기

다음 페이지로

07 각각 가운데 선에 맞춰 보조선을 만든다.

10 사진의 위치에 보조선을 만든다.

다시 편다

15 뒤로 접어 넘긴다.

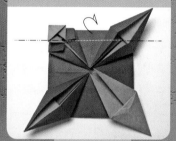

06 표시된 세 곳을 펼치면서 사각형이 되도록 눌러 접는다.

11 펼쳐 올린다.

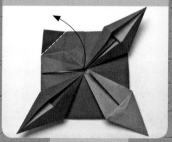

14 바깥쪽으로 접는다.

05 펼치면서 위를 눌러 삼각형이 되도록 접는다.

12 **13**을 참고하여 사진의 보조선을 따라 접는다.

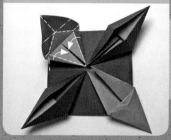

13 펼치면서 눌러 접는다.

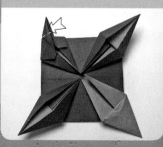

17 사진의 보조선을 따라 반으로 접는다.

회전 확대

18 각도를 달리하여 속으로 계단 접기.

19 사진의 보조선을 따라 접는다.

20 뾰족하게 세우듯이 접는다.

24 펼친다.

23 보조선을 만든다.

확대

22 각도를 달리하여 계단 접기.

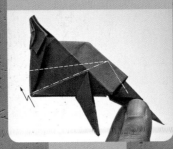

21 반대쪽도 **19** **20** 과 같은 방법으로 접는다.

25 펼친다.

26 사진의 보조선을 따라 끝을 모아 쥐듯이 접는다.

27 뒤쪽으로 젖힌다.

28 비스듬하게 접는다.

32 아래로 접어 내린다(반대쪽도).

33 입을 벌린다.

31 머리 부분을 아래로 당기듯이 접는다.

안쪽 가운데 머리는 그대로

34 발끝의 앞쪽 한 겹을 젖힌 상태로 넣어 접기(반대쪽도).

축소

30 반대쪽도 **22**～**29** 와 같은 방법으로 접는다.

35 넣어 접기 하듯이 안으로 접어 넣는다.

29 뒤집어 접기.

완성!

NEO ORIROBO
F-10

네오 오리로보 F-10

접기 난이도 ★★★★★★★

주의 F-10은 작은 부분까지 세심하게
접어야 하기 때문에 24cm 이상의 되도록이면
큰 종이로 접기를 추천합니다.

START!

01 한 변의 1/10 폭으로 양옆을 접는다.

축소

02 귀퉁이를 끝부분에 맞춰
삼각형으로 접는다.

04 접은 폭만큼 뒤로 접어서
보조선을 만든다.

03 삼각형 높이로 위아래를 접는다
(한 변의 1/10이 된다).

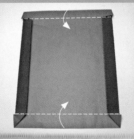

05 보조선이 만들어지면 전부 편다.

06 대각선으로 보조선을 만든다.

07 보조선 한 칸만큼을 접고 귀퉁이는
뾰족하게 세운다.

11 위로 펼쳐 올린다.

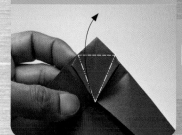

12 가운데 선에 맞춰 접는다.

19 가운데 선에 맞춰 보조선을 만든다.

다음 페이지로

10 가운데 선에 맞춰 보조선을 만든다.

회전 확대

13 다른 한 쪽도 **10**~**12**와 같은 방법으로 접는다.

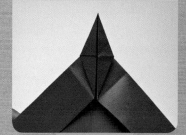

축소

18 왼쪽으로 젖힌다.

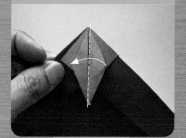

회전 확대

09 ○ 표시된 부분을 확대.

14 뒤집는다.

뒤집기

17 ○ 표시된 부분을 확대.

08 위쪽 두 곳을 펼치면서 사각형이 되도록 눌러 접는다.

15 보조선을 따라 접으면서 귀퉁이는 뾰족하게 세운다.

16 네 곳 모두 펼치면서 눌러 접는다.

ORIROBO ORIGAMI SOLDIER **117**

20 오른쪽으로 젖힌다.

27 가운데 선에 맞춰 보조선을 만든다.

28 위로 펼쳐 올린다.

21 가운데 선에 맞춰 보조선을 만든다.

26 오른쪽으로 젖힌다.

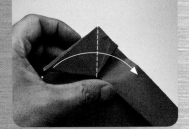

29 양옆을 가운데 선에 맞춰 접는다.

22 위로 펼쳐 올리면서 양옆을 가운데 선에 맞춰 접는다.

25 가운데 선에 맞춰 보조선을 만든다.

회전

축소

30 다른 한 곳도 **25**～**29** 와 같은 방법으로 접는다.

23 다른 한 곳도 **18**～**22** 와 같은 방법으로 접는다.

축소

24 ◯ 표시된 부분을 확대.

회전

확대

31 뒤집는다.

뒤집기

35 위로 접어 올린다.

36 뒤집는다.

43 **38 39**와 같은 방법으로 접는다.

다음 페이지로

확대

뒤집기

34 반으로 접는다.

37 반으로 접어 보조선을 만든다.

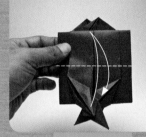

42 아래로 펼친다.

뒤집기

33 가운데 선에 맞춰 접는다.

38 양옆을 각각 바깥쪽으로 펼친다.

41 뒤집는다.

32 가로세로로 가운데에 각각 보조선을 만든다.

39 접어 올린다.

40 앞으로 접어 세운다.

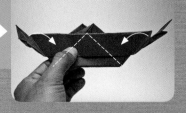

44 앞으로 접어 세운다.

51 가운데 선에 맞춰 접는다.

52 나머지 세 곳도 **46**〜**51**과 같은 방법으로 접는다.

축소

45 뒷면을 다시 펼쳐 올린다.

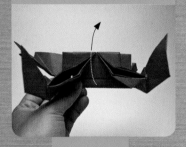

50 위로 펼쳐 올린다.

53 **52**에서 접은 부분에 맞춰 바닥면에 보조선을 만든다.

46 펼치면서 사각형이 되도록 눌러 접는다.

49 반대쪽도 **47** **48**의 반대방향으로 접어 보조선을 만든다.

54 사진의 보조선을 따라 접는다.

확대

47 화살표 방향으로 젖힌다.

회전

48 가운데 선에 맞춰 보조선을 만든다.

55 뒤로 접어 넘긴다.

59 모아 잡은 채로 옆에서 본다 (90° 회전).

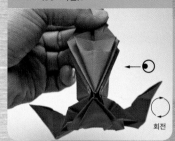

회전

60 사진의 보조선을 따라 뒤로 살짝 접는다(반대쪽도).

66 위로 들어 올린다.

다음 페이지로

58 사진의 보조선을 따라 접는다.

61 **62**를 참고하여 양손으로 잡고 가운데 삼각형만 남긴다.

65 양옆으로 펼친다.

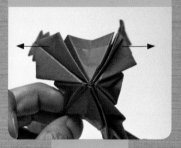

57 반대쪽 다리도 같은 방법으로 접는다(다음은 위에서 본다).

62 사진의 보조선을 따라 양손으로 눌러 접는다.

64 정면에서 보면 이런 모양이 된다 (다음은 위에서 본다).

56 각도를 다르게 속으로 계단 접기 하여 다리를 벌린다.

62-2 눌러 접는 모양.

63 정면에서 본다(다리 쪽이 앞).

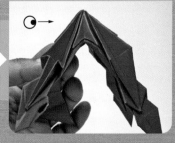

67 한꺼번에 위로 접어 올린다.

74 다음은 다른 쪽에서 본다.

75 사진의 보조선을 따라 접는다.

68 위에서 가볍게 덮어씌운다.

73 사진의 보조선을 따라 살짝 접는다.

76 다른 한 쪽도 **70**~**75**와 같은 방법으로 접는다.

69 팔을 넣어 접기 한다 (다음은 아래쪽에서 본다).

72 표시된 부분을 조심히 펼친다.

뒤집기

77 뒤집는다.

뒤집기

70 겹쳐진 부분을 천천히 열어 젖히면서 뒤로 살짝 넘긴다.

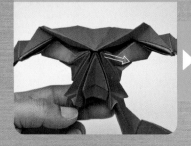

71 사진의 보조선을 따라 살짝 접는다.

78 각도를 달리하여 한꺼번에 계단 접기.

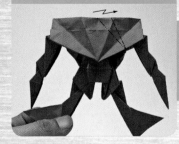

82 사진의 보조선을 따라 접는다.

83 다른 한 쪽도 **78**~**82**와 같은 방법으로 접는다.

90 왼쪽으로 접어 넘긴다.

다음 페이지로

뒤집기

81 뒤집는다.

84 머리를 계단 접기.

89 닫는다.

뒤집기

80 꺼낸 부분을 각도를 달리하여 계단 접기.

85 팔을 확대.

88 기존 보조선의 산·계곡을 반대로 접는다.

확대

79 당겨 꺼낸다.

86 팔 가운데를 벌리고 팔 중간부터 손끝까지 위로 올려 세운다.

87 접혀 있는 부분을 빼낸다.

91 펼치면서 눌러 접는다.

98 사진의 보조선을 따라 접는다.

99 정면에서 본다.

92 각도를 다르게 계단 접기 하여 입체적으로 접는다.

97 다리를 뒤에서 본다.

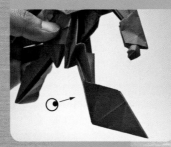

100 펼치면서 눌러 접는다.

93 손끝부터 말듯이 접어 넣는다.

96 기존 보조선의 산·계곡을 반대로 접는다.

101 가운데 선에 맞춰 보조선을 만든다.

94 반대쪽 팔도 **86**〜**93**과 같은 방법 으로 접는다(다음은 다리를 본다).

축소

95 접혀 있는 부분을 빼낸다.

102 사진의 보조선을 따라 펼쳐 접는다.

106 안으로 접어 넣는다.

106-2 접어 넣은 모양.

105 보조선을 만든다.

107 뒷면도 안으로 접어 넣는다.

104 아래로 접어 내린다.

108 각도를 달리하여 속으로 계단 접기.

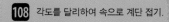

103 다시 접어 넘긴다.

109 반대쪽 다리도 **95**~**108**과 같은 방법으로 접는다.

축소

완성!

THE LAST MISSION

닥터WG와 닥터BG의
최종 미션

오리로보를 더욱 진화시켜라!

오리로보의 고수가 되었나요? 이번에는 네오 오리로보 F-10 덕분에 미래의 지구를 구할 수 있었어요. 하지만 언제 다시 새로운 적이 나타날지 모르지요. 그래서 여러분에게 부탁이 있어요. 새로운 적에 맞설 새로운 오리로보를 개발해 주었으면 해요. 이만큼 접을 수 있게 된 여러분이라면 가능할 거예요. 지구를 위해 최강의 오리로보를 만들어 주세요!

MUNEJI FUCHIMOTO

저자 프로필

후지모토 무네지

접기 난이도 ★★★★★★★

1967년 나가사키 현 출생. 현재 후쿠오카 현 거주. 종이접기 작가 겸 그래픽 디자이너&아트 디렉터. 주식회사 스콕구 디자인 대표이사로, 규슈를 거점으로 광고 비주얼 제작 분야에서 일하고 있다. 2005년 당시 유치원에 다니던 장남의 종이접기 놀이를 계기로 창작 종이접기를 시작하게 되었다. 현재 동물이나 로봇 등의 작품을 중심으로 창작활동을 계속 하고 있다. 저서로는 〈오리로보〉, 〈종이접기 동물원〉, 〈종이접기 레이서〉, 〈팬시아트 종이접기〉 등이 있다.

역자 이지혜

일본 시코쿠가쿠인 대학교에서 교육학을 전공했다. 졸업 후 글밥 아카데미에서 일어번역가 과정을 수료하고 현재는 바른번역에서 전문 번역가로 활동 중이다. 역서로는 〈창의력을 키워주는 쉬운 종이접기 100〉, 〈팬시아트 종이접기〉, 〈실뜨기 대백과〉 등이 있다.

커버/본문 디자인 : 후지모토 무네지
촬영 : 시게마쓰 미사
접는 과정 촬영 : 후지모토 무네지
편집 : 주식회사 스콕구 디자인

더욱 강력해진 전사 타입 로봇 종이접기

ORIGAMI SOLDIER
오리로보 - 오리가미 솔저

1판 1쇄 인쇄 2025년 04월 10일
1판 1쇄 발행 2025년 04월 10일

저자 | 후지모토 무네지
역자 | 이지혜
인쇄 | 신화프린팅
발행인 | 손호성
펴낸곳 | 봄봄스쿨
등록 | 제 2023-000128호
주소 | 서울시 종로구 사직로8길34 경희궁의 아침 3단지1309호
전화 | 070.7535.2958
팩스 | 0505.220.2958
e-mail | atmark@argo9.com
Home page | http://www.argo9.com

ISBN 979-11-5895-182-5 13630

※ 값은 책표지에 표시되어 있습니다.

DISPLAY PACKAGE

이 패키지는 15cm 혹은
17.6cm의 색종이로 접은
오리가미 솔저용입니다.
패키지를 조립하여
오리가미 솔저를
디스플레이 하세요!

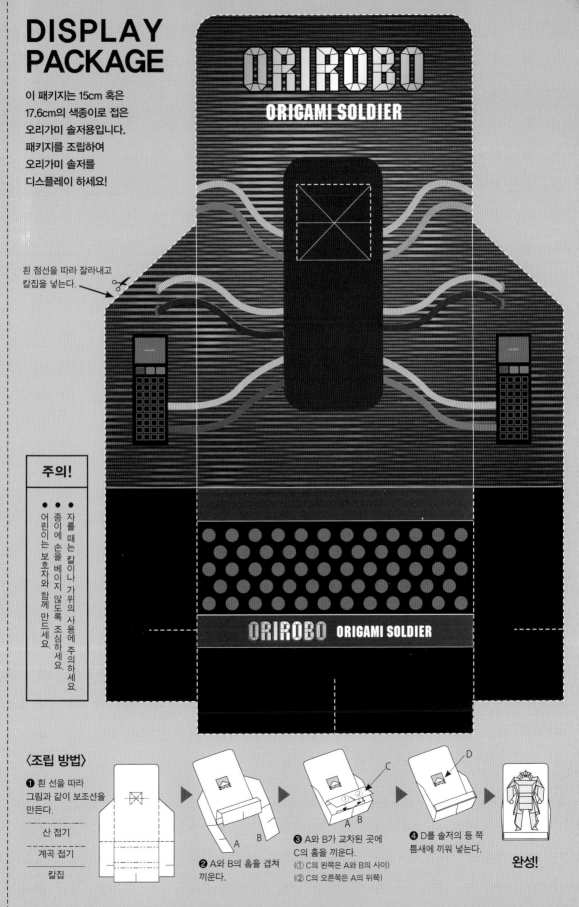

흰 점선을 따라 잘라내고
칼집을 넣는다.

주의!

● 자를 때는 칼이나 가위의 사용에 주의하세요.
● 종이에 손을 베이지 않도록 조심하세요.
● 어린이는 보호자와 함께 만드세요.

ORIROBO ORIGAMI SOLDIER

〈조립 방법〉

❶ 흰 선을 따라
그림과 같이 보조선을
만든다.

----- 산 접기

-·-·- 계곡 접기

─── 칼집

❷ A와 B의 홈을 겹쳐
끼운다.

❸ A와 B가 교차된 곳에
C의 홈을 끼운다.
(① C의 왼쪽은 A와 B의 사이)
(② C의 오른쪽은 A의 뒤쪽)

❹ D를 솔저의 등 쪽
틈새에 끼워 넣는다.

완성!